Salate

AUTORIN: TANJA DUSY
FOTOS: FOODARTFACTORY OHG, KLAUS-MARIA EINWANGER, MONIKA SCHUSTER

Praxistipps

4   Kleines Salate-Einmaleins: richtig einkaufen, vorbereiten und anmachen – so werden Salate einfach immer gut
6   Essig, Öl & Co. – eine kurze Warenkunde über alle Zutaten, durch die Salate erst fein werden
64 Die grünen Wilden – aromatische Frühjahrskräuter, die sich toll in vielen Salaten machen

Umschlagklappe hinten:
Ran an den Salat – kleine Geräte, die beim Salatmachen helfen
Es darf auch mal fruchtig sein: Obstsalat – 3-mal ganz anders
Aus eigener Herstellung: Essig & Öl

Extra

Umschlagklappe vorne:
Die 10 GU-Erfolgstipps – mit Gelinggarantie für perfekten Salat

60 Register
62 Impressum

INHALTSVERZEICHNIS

Rezepte

8 Dazu & davor

9	Mango-Tomaten-Salat	19	Herbstsalat mit Kürbis und Birne
10	Frühlingssalat mit Blüten	20	Asiatischer Sprossensalat
13	Spinatsalat mit Erdbeeren	20	Japanischer Lauchsalat
13	Spargelsalat mit Parmesan	22	Wintersalat mit Orangen
14	Sommersalat mit Knoblauchcroûtons	24	Fenchel-Oliven-Salat
16	Tomaten-Avocado-Salat	24	Rote-Bete-Apfel-Salat
16	Griechischer Salat	25	Weißkohl-Erdnuss-Salat
17	Melonen-Gurken-Salat	25	Rotkohl-Preiselbeer-Salat
17	Paprika-Zucchini-Salat		

26 Die Hauptsache

27	Ingwer-Huhn-Salat	33	Hähnchenlebersalat mit Feigen
28	Mojito-Steak-Salat	34	Rettich-Weißwurst-Salat
30	Bündner Pilzsalat	36	Garnelen-Pfirsich-Salat
30	Roquefort-Trauben-Salat	36	Fisch-Kokos-Salat
33	Zwetschgen-Entenbrust-Salat	38	Indischer Kichererbsen-Brot-Salat

40 Feiersalate für viele

41	Grüner Tortellinisalat	50	Auberginen-Nudel-Salat
42	Kartoffelsalat mit Pfifferlingen	50	Bunter Nudelsalat
43	Kartoffel-Spargel-Salat	51	Thai-Nudelsalat mit Hack
43	Kartoffelsalat »Italia«	52	Tex-Mex-Schichtsalat
44	Bohnen-Kasseler-Salat	52	Artischocken-Tunfisch-Salat
44	Krabben-Eier-Salat	55	Scharfer Bulgur-Kürbis-Salat
47	Safran-Blumenkohl-Salat mit Ei	56	Sushi-Lachs-Salat
48	Linsen-Puten-Salat	56	Curry-Reissalat mit Pute
48	Ofentomaten-Bohnen-Salat	58	Couscoussalat mit Lamm

KLEINES SALATE-EINMALEINS

Salate – einfach immer gut

Kaum zu glauben: So gut und dazu noch so gesund und abwechslungsreich sind Salate. Gönnen Sie sich deren einzigartige Vielfalt rund ums Jahr!

Denken Sie beim Stichwort »Salat« etwa an die schlappen, fast in Sauce ertränkten Blätter des berühmt-berüchtigten »kleinen gemischten Salats«? Die machen keine Laune. Oder aber an frischen Rucola mit etwas Parmesan, knackigen Möhrensalat oder exotisch gewürzten Glasnudelsalat? Solche Salate sind einfach herrlich, egal ob als Rohkost oder mit gegarten Zutaten. Sie sind schnell gemacht, gelingen leicht und schmecken super, wenn man ein paar kleine Dinge beachtet.

Frisch durchs Salatjahr

Seien Sie wählerisch bei Ihren Salatzutaten! Greifen Sie zu guter, frischer und möglichst ungespritzter Ware. Alles was lasch aussieht oder gar braune Blätter hat, besser gleich liegen lassen. Und vor allem: Nehmen und kombinieren Sie möglichst das, was gerade auch wächst.

Allein bei Blattsalaten ist die Auswahl riesig. Hauptsaison haben die meisten **im Sommer:** Knackiger Kopfsalat und seine Verwandten wie der rotblättrige Batavia, der krause Lollo Rosso oder Lollo Biondo, Eichblattsalat, robuster Römersalat oder der lange haltbare Eisbergsalat sind jetzt als Freilandsalate erhältlich. **Der Herbst** bringt dann geschmacklich kräftigere Sorten: etwa den leicht bitteren Endiviensalat, der in zwei Varianten angeboten wird – als glattblättriger Escariol oder als Frisée mit feinen, gefiederten Blättern; oder aber nussig-aromatischen Feldsalat und den herbwürzigen Chicorée und Radicchio. **Im Frühjahr** gibt es jede Menge würzige Wildkräuter und zarte Blättchen, die Sie sich keinesfalls entgehen lassen dürfen, wie etwa Portulak, Löwenzahn oder auch Brunnenkresse.

Gut vorbereitet

Blattsalate sollten nicht nur frisch gekauft, sondern auch nicht zu lange gelagert werden. Am besten halten sie sich im Gemüsefach des Kühlschranks (oder falls vorhanden: in der Null-Grad-Zone), lose in einen Plastikbeutel verpackt, eventuell je nach Sorte wie etwa Rucola oder Eichblattsalat in ein feuchtes Küchentuch geschlagen.

Beim Zubereiten gilt: unschöne Blätter entfernen und den Strunk keilförmig herausschneiden. Die einzelnen Blätter dann gründlich waschen, aber nie lange im Wasser liegen lassen. Anschließend in ein grobmaschiges Drahtsalatsieb oder eine Salatschleuder geben und gut trocknen. Sollten Sie beides nicht besitzen: ein sauberes Geschirrtuch auslegen, den Salat auf einer Tuchhälfte ausbreiten und vorsichtig mit der anderen Hälfte abtupfen. Nur richtig trockener Salat kann das Dressing optimal annehmen, ohne es zu verwässern.

Die einzelnen Blätter dann immer erst im letzten Moment zerteilen und nicht lange liegen lassen, so gehen am wenigsten Aromastoffe und Vitamine verloren. Generell ist es besser, die Blätter von Hand zu zerzupfen, als mit dem Messer zu zerkleinern. Bei Salaten mit dickstrunkigen Blättern die Blattrippen gut herausschneiden.

zart & wild

nussig & herbwürzig

sommerlich

Bei Gemüse gilt Ähnliches: für Rohkost möglichst zeitnah waschen, putzen, schneiden oder auf der Rohkostreibe hobeln. Einige Gemüse müssen gekocht oder blanchiert werden, wie etwa grüne Bohnen, Zuckerschoten oder Blumenkohl. Einfach kurz in kochendem Salzwasser garen, anschließend in einem Sieb kalt abbrausen oder in Eiswasser tauchen, damit sie ihre Farbe behalten.

Gekonnte Anmache

Erst das Dressing macht aus grünen Blättern tollen Salat. Erlaubt ist, was gefällt und schmeckt: von der klassischen Vinaigrette mit ihren unendlichen Variationsmöglichkeiten über Joghurtdressing bis zur üppigen Mayonnaise. Hier sollten Sie auf Qualität setzen: guten Essig, kalt gepresste Öle und richtig frische Kräuter (mehr dazu auf Seite 6/7).
Das Dressing dann erst kurz vor dem Servieren zugeben, wenn Blattsalate im Spiel sind – sie fallen sonst schnell zusammen und weichen durch. Viele Rohkost- oder Partysalate gewinnen geschmacklich allerdings, wenn sie noch ein wenig Zeit zum Durchziehen haben. Spannend sind auch Salate, die Rohkost und gekochte, heiße Zutaten kombinieren. Hier die Rohkost vorbereiten und die gegarten Zutaten kurz vor dem Servieren darüber geben, bei Blattsalat eventuell nicht direkt darauf – am besten ein Plätzchen in der Mitte des Tellers für die warmen Zutaten reservieren.

Salate zum Feiern

Salate gehören einfach auf jedes Partybüfett, weshalb wir ihnen auch ein ganzes Kapitel gewidmet haben. Aber viele Salate der beiden anderen Kapitel lassen sich »aufrüsten«. Wir geben häufig Tipps, was noch auf oder zu den Salaten passt und auch Ihrer Fantasie sind diesbezüglich keine Grenzen gesetzt. **Wichtig bei allen Partysalaten:** Sie müssen gut vorzubereiten sein, durchziehen dürfen und auch einige Zeit appetitlich aussehen. So können Sie ganz entspannt Freunde einladen. Wollen Sie mehrere Salate anbieten, wählen Sie möglichst unterschiedliche: einen mit Fleisch, einen mit Gemüse und einen mit Nudeln. Wollen Sie auch Blattsalate anbieten? Kein Problem: einfach das Dressing (2- bis 3-fache Menge) daneben stellen. So kann sich jeder Gast seinen Salat frisch auf dem eigenen Teller anmachen. Rechnen Sie pro Person jeweils 2–3 Portionen verschiedener Salate ein, je nachdem, was sonst noch auf dem Büfett steht.

Was den Salat fein macht

Klar, Essig und Öl braucht es fast immer. Richtig rund werden Salatdressings aber vor allem durch eine ausgewogene Mischung verschiedener Zutaten.

Essig Um Ihrem Salat richtig Saures zu geben, sollten Sie den passenden Essig wählen. Rotweinessig passt zu allen kräftigen Salaten. Milder und damit besser für feine Salate geeignet ist Weißweinessig oder ganz edel: Champagneressig. Lange gelagert, aus eingekochtem Trebbiano-Traubenmost ist Aceto balsamico besonders voll und aromatisch im Geschmack. Sein weißer Partner heißt Balsamico bianco. Spanischer Sherryessig ist ähnlich intensiv und schmeckt fein nussig. Nicht aus Trauben, sondern auf der Grundlagen von Äpfeln werden die meisten Obstessige hergestellt. Sehr fein: französischer Cidreessig. Und sollten Sie täglich neue Säure suchen: Aromatisierte Essige wie etwa Himbeer-, Erdbeer- oder Kräuteressig sind wunderbar für frische Sommersalate mit Obst.

Öl Gibt dem Dressing Konsistenz und hebt die Aromen. Entscheidend ist gute Ölqualität: am besten sind unraffinierte, kalt gepresste Öle. Bei Olivenöl daher auf die Bezeichnung »Native extra« (italienisch »extra virgine«) achten, mit der die erste Pressung bezeichnet wird. Gut sind auch die Folgepressungen, »Native«. Steht nur »Olivenöl« auf dem Etikett, diesen Verschnitt besser stehen lassen. Geschmacksneutral sind Sonnenblumen-, Distel-, Raps-, Maiskeim- oder Sojaöl. Kürbiskern-, Traubenkern-, Haselnuss- und Mandelöl sind äußerst aromatisch. Oft kann man sie daher mit einem neutralen Öl mischen. Das gilt auch für das asiatische Sesam-Würzöl aus gerösteten Sesamsamen. Dies nur schwach dosiert verwenden.

Würziges Mit einzelnen Würzzutaten können Sie bei Ihrem Salat stets neue Geschmacksakzente setzen. Senf ist hierfür ideal, zumal Sie zwischen unterschiedlichen Varianten von süß, mild bis scharf, fein oder körnig wählen können. Schärfe bringen Sambal oelek, Chilischoten, Meerrettich. Sardellenfilets oder Sojasauce machen Dressings salziger.

Süßes Den Ausgleich zu Säure und Würze bildet etwas Süße im Salat. Das kann ganz einfach ein Löffelchen Zucker sein. Feiner ist meist etwas Honig oder Ahornsirup. Aber auch Preiselbeerkompott, Orangenmarmelade oder Fruchtgelee bringt ungewöhnliche Süße. Und wenn sowieso schon Früchte mit von der Partie sind – zusätzlich Apfel- oder Orangensaft oder fein pürierte, vollreife Früchte mit ins Dressing geben.

Grünes Kräuter bringen Frische in jeden Salat. Klassiker sind Petersilie, Schnittlauch und Dill, für italienische Momente sorgt Basilikum, für asiatische Koriandergrün. Frühlingshaft wird es mit jeder Menge Kerbel, Estragon dagegen ist sehr intensiv und sollte daher nur sparsam eingesetzt werden. Einige Kräuter lassen sich gut im Blumentopf auf der Fensterbank ziehen, viele gibt es, bereits fertig gehackt, tiefgefroren zu kaufen.

Knuspriges Mit Nüssen und Samen obendrauf wird der Salat zum gesamtsinnlichen Erlebnis. Probieren Sie die knackige Vielfalt von Pinien-, Kürbis- oder Sonnenblumenkernen, die es inzwischen auch als fertige Mischung zu kaufen gibt.

Dazu & davor

Frisch und voller Vitamine – deshalb gehört ein Schälchen Salat bei mir zu jedem Essen. Und weil Salat gesund, lecker und schön leicht ist, passt er wunderbar als Vorspeise eines Menüs. So wie etwa meine Mango-Caprese hier, die mediterrane und asiatische Aromen vereint und auch optisch richtig viel hermacht.

Mango-Tomaten-Salat

4 Fleischtomaten
1 große Mango
1 Kugel Mozzarella (125 g)
Saft von ½ Orange
3 EL Weißweinessig
2 EL Sojasauce
4 EL Olivenöl
1 rote Chilischote
½ TL brauner Zucker
½ Bund Basilikum

Für 4 Personen | 20 Min. Zubereitung
Pro Portion ca. 240 kcal, 8 g EW, 17 g F, 13 g KH

1 Die Tomaten waschen, quer halbieren und in Scheiben schneiden, dabei die Stielansätze entfernen. Die Mango schälen, das Fleisch vom Stein schneiden und in dünne Scheiben schneiden. Den Mozzarella abgießen, trockentupfen, halbieren und ebenfalls in dünne Scheiben schneiden.

2 Orangensaft mit dem Essig und der Sojasauce mischen, gut mit dem Öl verquirlen. Die Chilischote waschen, entstielen, längs halbieren, entkernen und fein hacken. Mit dem Zucker unter die Sauce rühren. Basilikumblättchen abzupfen, die Hälfte davon fein hacken und unter die Sauce mischen.

3 Abwechselnd die Tomaten-, Mango- und Mozzarellascheiben überlappend auf einer Platte oder vier Tellern anrichten. Die Sauce darüber träufeln und die übrigen Basilikumblättchen darauf streuen.

DAZU & DAVOR

leicht & kräuterfrisch
Frühlingssalat mit Blüten

*Wenn's draußen wieder grünt und und blüht, kommt dieser Salat wie gerufen.
Mischen Sie alles aus dem Frühlingskräuterbeet, ganz nach Lust und Laune!*

3 EL Balsamico bianco
1 TL Dijon-Senf | 1 TL Honig
6 EL Distel- oder Olivenöl
Salz | Pfeffer
5 Blätter Borretsch
1 Bund Rucola
300 g Portulak
1 großes Bund Frühlings- oder Wildkräuter
(z. B. Sauerampfer, Brunnenkresse, Kerbel, Löwenzahn)
1 große Möhre
1 Bund Radieschen
12–16 essbare Blüten (z. B. Kapuzinerkresse, Gänseblümchen oder Veilchen)

Für 4 Personen | 25 Min. Zubereitung
Pro Portion ca. 210 kcal, 2 g EW, 18 g F, 8 g KH

1 In einem Schälchen Essig, Senf und Honig gut verrühren. Das Öl langsam dazugießen und gründlich unterschlagen. Mit Salz und Pfeffer kräftig würzen. Den Borretsch waschen, trockenschütteln, fein zerschneiden und unterrühren.

2 Rucola, Portulak und die Frühlings- oder Wildkräuter waschen, trockenschleudern und grobe Stiele entfernen. Möhre schälen und mit dem Sparschäler zu feinen Spänen abziehen. Die Radieschen putzen, waschen und in Scheiben schneiden. Die Blüten ganz vorsichtig waschen und trockentupfen.

3 Rucola, Portulak und die Frühlings- oder Wildkräuter mit der Vinaigrette in einer Schüssel mischen, dann Möhre und Radieschen locker unterheben. Mit den Blüten dekorieren und servieren.

VARIANTE
Sollten Sie Rucola oder Portulak nicht bekommen oder im Garten andere Kräuter haben, können Sie ruhig das eine oder andere austauschen, achten Sie lediglich auf eine Balance aus milden und herben Sorten. Fein ist auch Kopfsalat oder die teilweise fertig angebotenen Salatmischungen mit jungen Salatblättchen.

TIPP FÜR MEHR DRAUF
Eine hübsche und passende Ergänzung zu den Salatkräutern sind Kräuteromelettschnecken. Dazu 4 Eier (Größe M) mit 4 EL Sahne gut verquirlen. Mit Salz, Pfeffer und edelsüßem Paprikapulver würzen und 3 EL Schnittlauchröllchen unterrühren. In einer Pfanne im heißen Öl nacheinander bei mittlerer Hitze vier Omeletts ausbacken. Lauwarm werden lassen, aufrollen und in dünne Scheiben schneiden. Salat auf Teller verteilen und mit den Omelettschnecken belegen.

TIPP – KLASSISCHE VINAIGRETTE
Eine für alles und eine wahre Verwandlungskünstlerin: ½ TL Senf mit 2 EL Weißweinessig, Salz und Pfeffer verrühren, bis sich das Salz aufgelöst und alles gut verbunden hat (das geht besonders gut mit einem kleinen Schneebesen). Dann nach und nach 5–6 EL Öl (etwa Oliven- oder Sonnenblumenöl) kräftig unterschlagen. Nach Wunsch mit 1–2 EL gehackten Kräutern verrühren.

DAZU & DAVOR

fruchtig | süßsäuerlich

Spinatsalat mit Erdbeeren

3 EL Haselnussblättchen
300 g junger Spinat
250 g Erdbeeren
1 TL Akazienhonig
2 EL Himbeeressig
2 EL Haselnussöl
3 EL Distelöl
Salz | Pfeffer

Für 4 Personen | 25 Min. Zubereitung
Pro Portion ca. 205 kcal, 3 g EW, 18 g F, 7 g KH

1 Die Haselnussblättchen in einer Pfanne ohne Fett unter Rühren bei mittlerer Hitze hellbraun rösten, herausnehmen und abkühlen lassen. Spinat waschen, verlesen und trockenschleudern. Die Erdbeeren waschen und putzen. Vier große Erdbeeren klein zerschneiden und mit einer Gabel zermusen. Die übrigen Beeren in Scheiben schneiden.

2 Honig, Essig und Erdbeermus gut verrühren, dann beide Ölsorten mit einem kleinen Schneebesen gut unterschlagen. Salzen und kräftig pfeffern. Den Spinat mit dem Dressing mischen und die Erdbeerscheiben behutsam unterheben. Mit den Nussblättchen bestreut servieren.

BEILAGEN-TIPP
Der Salat passt ideal zu gebratenem oder gegrilltem Geflügel. Mit gebratenen, lauwarmen Putenbruststreifen oder einer Scheibe junger Ziegenkäserolle darauf, wird er zum kleinen sättigenden Imbiss.

leichte & edle Vorspeise

Spargelsalat mit Parmesan

1 kg grüner Spargel | Salz
4 in Öl eingelegte, getrocknete Tomaten
3 EL Aceto balsamico | 1 TL Dijon-Senf
5 EL Olivenöl | Pfeffer
12 Kirschtomaten | ½ Bund Basilikum
80 g Parmesan (am Stück)

Für 4 Personen
15 Min. Zubereitung | 1 Std. Marinieren
Pro Portion ca. 275 kcal, 13 g EW, 21 g F, 10 g KH

1 Den Spargel waschen, untere holzige Enden entfernen oder schälen. Wasser in einem großen Topf aufkochen, salzen. Den Spargel dazugeben und bei schwacher Hitze in etwa 10 Min. gar, aber nicht zu weich kochen. Herausnehmen und auf eine flache Platte legen, leicht abkühlen lassen.

2 Inzwischen die getrockneten Tomaten abtropfen lassen und fein würfeln. Essig, Senf und Olivenöl mit einem kleinen Schneebesen kräftig verrühren. Salzen und pfeffern und die getrockneten Tomaten unterrühren. Gleichmäßig über den Spargel geben und etwa 1 Std. marinieren lassen.

3 Kirschtomaten waschen und vierteln. Basilikumblätter abzupfen, nach Belieben hacken. Tomatenviertel auf dem Spargel verteilen, das Basilikum darüber streuen. Den Parmesan in breiten Spänen darüber hobeln, den Salat mit Pfeffer übermahlen.

VARIANTE – MIT SCHINKEN
Anstelle oder zusätzlich zum Parmesan können Sie einige Scheiben Parmaschinken auf den Salat geben.

DAZU & DAVOR

mediterran | kräftig-aromatisch

Sommersalat mit Knoblauchcroûtons

Erfrischend wie ein Sprung in den kühlen Pool wenn's draußen richtig heiß ist: knackig frischer Blattsalat mit sonnensaftigen Tomaten – die ideale Beilage zu Gegrilltem.

Für den Salat
1 Knoblauchzehe
100 ml Tomatensaft
1 EL Rotweinessig
1 EL Honig
4 EL Olivenöl
Salz | Pfeffer
½ Bund Basilikum
1 Römersalat
1 Bund Rucola
2 große Fleischtomaten

Für die Croûtons
3 dicke Scheiben Weißbrot
1 Knoblauchzehe
4 EL Olivenöl
3 EL Pinienkerne

Für 4 Personen | 45 Min. Zubereitung
Pro Portion ca. 380 kcal, 5 g EW, 29 g F, 24 g KH

1 Für den Salat den Knoblauch schälen, durch die Presse drücken und gut mit Tomatensaft, Essig und Honig verrühren. Dann das Öl nach und nach unterschlagen. Mit Salz und Pfeffer würzen. Basilikumblättchen von den Stängeln zupfen und grob zerschneiden, unter das Dressing mischen.

2 Den Römersalat zerpflücken, putzen, waschen, trockenschleudern und in breite Streifen schneiden. Den Rucola verlesen, waschen, trockenschleudern und harte Stiele abschneiden. Tomaten waschen und in dünne Spalten schneiden, dabei die Stielansätze entfernen.

3 Für die Croûtons das Brot in etwa 1 cm große Würfel schneiden. Knoblauch schälen und fein hacken. Das Öl in einer Pfanne erhitzen. Brotwürfel, Knoblauch und Pinienkerne dazugeben und unter Rühren bei mittlerer Hitze knusprig braun braten. Vom Herd nehmen.

4 Den Römersalat, den Rucola und die Tomaten mit dem Dressing mischen. Die warmen Croûtons darauf verteilen, sofort servieren.

VARIANTE – MIT GEGRILLTEM ZIEGENKÄSE
Ganz einfach und sehr französisch: 4 kleine runde frische Ziegenkäse (Picandou oder Crottin, je etwa 50 g) in eine hitzebeständige Form legen und mit etwas Olivenöl beträufeln. Die Käse dann unter dem vorgeheizten Backofengrill (oben) 3–5 Min. grillen, bis sie leicht gebräunt sind. Den Salat auf vier Teller verteilen, mit je 1 heißen Ziegenkäse belegen und mit Baguette servieren.

sommerlich leicht

Tomaten-Avocado-Salat

5 Fleischtomaten | 2 Avocados | Saft von 1 Limette | ½ Bund Basilikum | ½ Bund Koriandergrün | 1 Knoblauchzehe | 3 EL Pistazienkerne | 150 ml Olivenöl | Salz | Pfeffer

Für 4 Personen | 20 Min. Zubereitung
Pro Portion ca. 550 kcal, 4 g EW, 56 g F, 5 g KH

1 Tomaten waschen und in Scheiben schneiden, dabei die Stielansätze entfernen. Avocados längs halbieren, entkernen und schälen. Das Fruchtfleisch in Scheiben schneiden und sofort mit der Hälfte des Limettensafts beträufeln. Tomaten und Avocados abwechselnd auf eine Platte legen.

2 Die Kräuter waschen, trockenschütteln und grob zerschneiden. Den Knoblauch schälen und hacken. Kräuter, Knoblauch, Pistazien und den übrigen Limettensaft mit dem Öl pürieren, mit Salz und Pfeffer würzen. Das Kräuterpüree über das Gemüse träufeln. Salat auf oder mit Fladenbrot servieren.

Klassiker auf neue Art | mediterran

Griechischer Salat

1 Salatgurke | 4 Tomaten | 2 milde grüne Spitzpaprikaschoten | 1 rote Zwiebel | 80 g Schafkäse (Feta) | 150 g Joghurt | 1 TL getrockneter Oregano | 1 EL Zitronensaft | 2 EL Olivenöl | Salz | Pfeffer | 16 in Öl eingelegte, kleine schwarze Oliven

Für 4 Personen | 25 Min. Zubereitung
Pro Portion ca. 185 kcal, 7 g EW, 14 g F, 8 g KH

1 Das Gemüse waschen. Gurke schälen und in Scheiben schneiden. Die Tomaten in Scheiben schneiden, dabei Stielansätze entfernen. Paprika putzen, Zwiebel schälen, beides in feine Ringe schneiden. Gemüse abwechselnd dachziegelartig auf eine Platte (auch sehr schön: Paprikahälften) schichten. Die Zwiebelringe darüber legen.

2 Den Schafkäse grob schneiden. Mit Joghurt, Oregano, Zitronensaft und Öl mit dem Pürierstab oder im Mixer schaumig pürieren. Vorsichtig mit Salz und Pfeffer würzen. Das Dressing über den Salat gießen und die Oliven darauf verteilen.

erfrischend | kühlend

Melonen-Gurken-Salat

1 Netzmelone | 6 Stängel Minze | 1 kleine Salatgurke | 150 g Joghurt | 1 EL Zitronensaft | 2 EL Olivenöl | je ¼ TL gemahlener Kreuzkümmel und Koriander | Salz | Pfeffer

Für 4 Personen | 25 Min. Zubereitung
Pro Portion ca. 155 kcal, 3 g EW, 8 g F, 19 g KH

1 Die Melone halbieren, Kerne mit einem Löffel entfernen. Das Fruchtfleisch mit einem Kugelausstecher herausheben oder mit dem Messer herausschneiden und 1 cm groß würfeln, dabei einen Rand an der Schale lassen. Die Minze waschen, trockenschütteln und die Blättchen fein hacken.

2 Gurke schälen, längs halbieren, Kerne mit einem Löffel herauskratzen. Gurke 1 cm groß würfeln. Joghurt, Zitronensaft, Öl und Minze verquirlen, mit Kreuzkümmel, Koriander, Salz und Pfeffer würzen. Melone und Gurke mit dem Dressing mischen und in den Melonenhälften servieren.

orientalisch | sommerlich

Paprika-Zucchini-Salat

2 grüne Paprikaschoten | 2 kleine Zucchini | 2 Tomaten | 1 Gemüsezwiebel | je ¼ Bund glatte Petersilie und Koriandergrün | 10 entsteinte grüne Oliven | 1 Knoblauchzehe | 2 ½ EL Zitronensaft | 5 EL Olivenöl | Salz | Pfeffer | 1 TL gemahlener Kreuzkümmel | ¼ TL Kurkumapulver

Für 4 Personen | 30 Min. Zubereitung
Pro Portion ca. 195 kcal, 3 g EW, 17 g F, 6 g KH

1 Das Gemüse waschen, putzen und in möglichst kleine Würfelchen schneiden. Zwiebel schälen und fein würfeln. Petersilie und Koriander waschen, trockenschütteln und hacken. Die Oliven in dünne Ringe schneiden.

2 Knoblauch schälen, durch die Presse drücken und mit Zitronensaft und Öl gut verquirlen. Mit Salz, Pfeffer, Kreuzkümmel und Kurkuma würzen. Dann das Dressing mit Gemüse, Zwiebel, Petersilie, Koriander und Oliven mischen und den Salat auf Tellern (sehr schön: in Paprikahälften) anrichten.

DAZU & DAVOR

bunter Erntedanksalat | fein-fruchtig
Herbstsalat mit Kürbis und Birne

Die Herbstzeit verlangt einfach nach üppigen Farben und kräftigen Aromen. Milder Joghurt, Früchte und Estragon machen diesen Salat aber ausgewogen und fein.

½ Friséesalat (etwa 300 g)
1 Hand voll Feldsalat
1 kleine vorgegarte Rote Bete (vakuumverpackt)
250 g orangefarbener Kürbis (z. B. Hokkaido)
1 Birne (z. B. Williams)
1 Zitrone
200 g Joghurt
4 EL Sonnenblumenöl
Salz | Pfeffer
3 Stängel Estragon
3 EL Walnusskerne

Für 4 Personen | 35 Min. Zubereitung
Pro Portion ca. 140 kcal, 5 g EW, 7 g F, 15 g KH

1 Den Friséesalat zerpflücken, waschen und trockenschleudern. Harte Stiele entfernen, den Rest in mundgerechte Stücke zupfen. Feldsalat verlesen, waschen, putzen und trockenschleudern. Rote Bete mit dem Messer in möglichst feine Streifen schneiden oder auf der Küchenreibe hobeln. Den Kürbis waschen, schälen, entkernen und das Kürbisfleisch mit einem Sparschäler zu dünnen Spänen abhobeln. Alles in einer Salatschüssel mischen.

2 Birne waschen, vierteln und das Kerngehäuse herausschneiden. Die Birnenviertel längs in dünne Spalten schneiden. Die Zitrone auspressen und die Hälfte des Saftes sofort mit der Birne mischen.

3 Etwa 2 EL Zitronensaft mit dem Joghurt verrühren, dann das Öl langsam kräftig unterschlagen. Das Dressing salzen und pfeffern. Den Estragon waschen, trockenschütteln und die Blättchen fein hacken, unter das Joghurtdressing rühren.

4 Das Dressing mit dem Salat mischen und die Birnenspalten unterheben. Die Walnusskerne grob hacken und darüber streuen, servieren.

VARIANTE – MIT GEBACKENEM CAMEMBERT
Zum herben Frisée und der süßen Birne passt ideal ein warm-schmelzender Camembert. Dazu 4 kleine, nicht zu reife Camemberts (je etwa 60 g) erst in wenig Mehl, dann in 2 verquirlten Eiern und anschließend in Semmelbröseln wenden. In der Fritteuse in etwa 3 Min. goldgelb frittieren und auf dem Salat servieren.

VARIANTE – MAL MIT MEHR
Mit gebratenen Hähnchenbrust- oder Putenfiletstreifen, Roquefortkäsewürfelchen, Emmentaler- oder Bergkäsestreifen wird aus dem Salat ein sättigender Imbiss. Wer's richtig fruchtig liebt, mischt mit der Birne noch blaue und grüne Weintrauben unter.

GUT ZU WISSEN
Frisée- oder Endiviensalat schmeckt oft recht bitter. Wer das nicht mag, entfernt am besten die Stielenden, in denen die meisten Bitterstoffe stecken, und verwendet nur die zarteren Spitzen. Aber: Bitter macht hungrig – diese leicht herben Salate sind appetitanregend und daher ideal als Vorspeise.

DAZU & DAVOR

knackig & frisch
Asiatischer Sprossensalat

3 EL Sesamsamen | 1 dicke Möhre
250 g Mungobohnensprossen
1 kleine rote Paprikaschote
2 Frühlingszwiebeln
2 EL Reisessig (ersatzweise Weißweinessig)
3 EL Sojasauce | ½ TL brauner Zucker
½ TL Sambal oelek | 4 EL geröstetes Sesamöl
Salz | Pfeffer

Für 4 Personen | 25 Min. Zubereitung
Pro Portion ca. 195 kcal, 5 g EW, 16 g F, 9 g KH

1 Die Sesamsamen in einer Pfanne ohne Fett bei mittlerer Hitze rösten, bis sie »knistern« und duften. Vom Herd nehmen und abkühlen lassen.

2 Inzwischen Möhre schälen und in feine Streifen schneiden oder hobeln. Die Sprossen in einem Sieb abbrausen und abtropfen lassen. Die Paprika waschen, halbieren, putzen und in schmale Streifen schneiden. Frühlingszwiebeln waschen, putzen und mit dem Grün in feine Ringe schneiden.

3 Essig, Sojasauce, Zucker, Sambal oelek und Sesamöl gut verquirlen. Mit Salz und Pfeffer würzen. Sesamsamen unter die Sauce rühren und mit dem Gemüse mischen. Möglichst etwas durchziehen lassen und zu asiatischen Gerichten oder gegrilltem Fleisch und Fisch servieren.

TIPP – MEHR ASIAWÜRZE
Wer will, kann zusätzlich noch 2–3 Ingwernüsse (in Sirup eingelegter Ingwer, aus dem Asienladen) fein würfeln und unter die Salatsauce mischen.

nussig | ungewöhnlich
Japanischer Lauchsalat

2 Stangen Lauch | Salz
1 kleiner weißer Rettich
3 EL Sake (Reiswein, ersatzweise trockener Sherry)
1 TL Zucker | 4 EL frisch gepresster Orangensaft
3 EL Tahin (Sesampaste, aus dem Bio-Laden)
2 EL Misopaste (japanische Sojabohnenpaste, aus dem Asien- oder Bio-Laden)
2 EL Sojasauce
3 EL schwarze Sesamsamen

Für 4 Personen | 30 Min. Zubereitung
Pro Portion ca. 200 kcal, 7 g EW, 12 g F, 14 g KH

1 Den Lauch putzen, gründlich waschen und in 8–10 cm lange Stücke schneiden. Wasser in einem Topf zum Kochen bringen, salzen. Darin den Lauch etwa 8 Min. bei mittlerer Hitze offen garen. In ein Sieb abgießen (Kochwasser auffangen) und mit kaltem Wasser abbrausen, abtropfen lassen.

2 Rettich schälen und ebenfalls in 8–10 cm lange Stücke teilen, diese dann in feine Stifte schneiden. Sake, Zucker, Orangensaft, Tahin, Misopaste und Sojasauce gut verrühren. Dann etwa 8 EL warmes Lauchkochwasser unterrühren, bis eine sämige, nicht zu dünnflüssige Sauce entstanden ist.

3 Die Lauchstücke längs halbieren und in dünne Streifen schneiden. Lauch- und Rettichstreifen auf einer Platte anrichten, die Sauce darüber träufeln und mit Sesam bestreuen. Eine tolle Ergänzung zu Sushis und geräuchertem Lachs!

DAZU & DAVOR

Vitamin-C-Bombe | fruchtig-herb

Wintersalat mit Orangen

Der richtige Mix gegen Winterblues und tristes Salateinerlei: farbenfroh, frisch und dazu noch richtig gesund!

2 große Orangen
2 EL Weißweinessig
1 TL körniger Senf
1 TL Orangenmarmelade
4 EL Olivenöl
Salz | Pfeffer
½ Endiviensalat (etwa 250 g)
2 Stauden Chicorée
1 kleiner Radicchio

Für 4 Personen | 25 Min. Zubereitung
Pro Portion ca. 175 kcal, 3 g EW, 12 g F, 13 g KH

1 Von den Orangen die Schalen samt weißer Haut mit einem scharfen Messer abschneiden (Bild 1), den dabei ablaufenden Saft auffangen. Die Orangenfilets anschließend zwischen den Trennhäuten herausschneiden (Bild 2), ebenfalls den Saft auffangen.

2 Orangensaft, Essig, Senf und die Orangenmarmelade gut verrühren. Das Öl kräftig unterschlagen und die Sauce mit Salz und Pfeffer würzen.

3 Den Endiviensalat zerpflücken, waschen und trockenschleudern. Harte Blattstrünke entfernen, den Rest in breite Streifen schneiden. Den Chicorée längs halbieren und den Strunk herausschneiden. Die Blätter waschen, trockenschleudern und in breite Streifen schneiden. Radicchio in einzelne Blätter zerteilen, waschen, trockenschleudern und in feine Streifen schneiden.

4 Die vorbereiteten Salate in einer Schüssel mit dem Dressing mischen und die Orangenfilets vorsichtig unterheben.

VARIANTE – MAL MIT MEHR
Wollen Sie die fruchtige Note verstärken? Dann mischen Sie doch ein paar in Streifen geschnittene Datteln oder auch mal Rosinen unter. Übrigens: Besonders fein wird der Salat, wenn Sie Blutorangen oder je 1 normale und 1 Blutorange verwenden. Und weil sich Ente und Orange besonders gut vertragen: gebratene oder geräucherte Entenbrust frisch in dünne Scheiben schneiden und auf dem Salat verteilen.

GUT ZU WISSEN
Die kleinen runden Radicchioköpfe gibt es so gut wie in jedem Supermarkt. Etwas schwieriger zu finden ist der längliche Radicchio di Treviso (auch Trevisano genannt). Er hat dicke weiße Blattrippen und ist wesentlich bitterer als sein gemütlich-runder Bruder. Mischen Sie ihn daher am besten mit anderen milderen Salaten (z. B. Lollo Rosso) oder auch mit Früchten, die ihm Süße entgegensetzen können.

ungewöhnlich | sorgt für Sommerlaune

Fenchel-Oliven-Salat

3 kleine Knollen Fenchel | ½ Lollo Biondo | 12 Kirschtomaten | 1 Schalotte | ½ TL Fenchelsamen | 2 EL Zitronensaft | 1 EL Pastis (Anisschnaps, nach Belieben) | 6 EL Olivenöl | Salz | Pfeffer | 80 g schwarze Oliven | 80 g italienische Fenchelsalami (in Scheiben)

Für 4 Personen | 20 Min. Zubereitung
Pro Portion ca. 310 kcal, 7 g EW, 27 g F, 8 g KH

1 Den Fenchel waschen und putzen, vierteln und den Strunk herausschneiden. Den Fenchel in sehr dünne Scheiben schneiden. Lollo Biondo putzen, waschen, trockenschleudern und in mundgerechte Stücke zupfen. Tomaten waschen und halbieren.

2 Die Schalotte schälen und fein würfeln, Fenchelsamen grob hacken. Beides mit Zitronensaft, Pastis nach Belieben und dem Öl kräftig verrühren, salzen, pfeffern, sofort mit dem Fenchel mischen. 5 Min. ziehen lassen, Lollo Biondo und Tomaten untermischen. Oliven und Salamischeiben darauf anrichten.

kräftig | winterlich

Rote-Bete-Apfel-Salat

600 g vorgegarte Rote Beten (vakuumverpackt) | 1 großer Apfel (z. B. Boskop) | 1 EL Zitronensaft | 60 g Walnusskerne | 1 EL Weißweinessig | 3 EL Walnussöl | 100 g saure Sahne | ½ TL Meerrettich (aus dem Glas) | Salz | Pfeffer | 1 Kästchen Kresse

Für 4 Personen | 25 Min. Zubereitung
Pro Portion ca. 270 kcal, 5 g EW, 21 g F, 15 g KH

1 Die Roten Beten erst in Scheiben, diese dann in Stifte schneiden. Apfel waschen, vierteln, entkernen und ebenfalls in Stifte schneiden. Mit dem Zitronensaft mischen und mit den Roten Beten auf Tellern anrichten.

2 Walnusskerne grob hacken, 1 EL davon beiseite stellen. Restliche Nüsse mit Essig, Öl und etwas saurer Sahne pürieren. Übrige saure Sahne und Meerrettich untermischen, salzen und pfeffern. Das Dressing auf dem Salat verteilen und die Kresse mit einer Schere darüber schneiden, übrige gehackte Nüsse darüber streuen.

asiatisch | nussig-knackig

Weißkohl-Erdnuss-Salat

500 g Weißkohl | 2 Möhren | 1 Stück frischer Ingwer (etwa 1 cm) | 1 Knoblauchzehe | 2 EL Erdnussöl | 100 ml Gemüsebrühe | 2 EL Sojasauce | 2 EL Erdnusscreme | 2 EL Sweet-Chilisauce (aus dem Asienladen) | 3 EL Limettensaft | 3 EL geröstete, gesalzene Erdnüsse

Für 4 Personen
20 Min. Zubereitung | 30 Min. Marinieren
Pro Portion ca. 210 kcal, 7 g EW, 15 g F, 11 g KH

1 Weißkohl vierteln, Strunk herausschneiden. Den Kohl waschen und in feine Streifen schneiden oder hobeln. Die Möhren schälen und grob raspeln.

2 Ingwer und Knoblauch schälen und fein hacken. Das Öl erhitzen, darin Knoblauch und Ingwer andünsten. Gemüsebrühe und Sojasauce dazugeben, aufkochen. Erdnusscreme, Sweet-Chilisauce und Limettensaft unterrühren und alles mit Kohl und Möhren mischen, möglichst 30 Min. ziehen lassen. Erdnüsse grob hacken und über den Salat streuen.

ungewöhnlich

Rotkohl-Preiselbeer-Salat

500 g Rotkohl | 1 Apfel | 1 EL Zitronensaft | 4 EL Preiselbeerkompott (aus dem Glas) | 2 EL Himbeeressig | 4 EL Walnussöl | Salz | Pfeffer | 1 Prise gemahlene Nelken | 3 EL Walnusskerne

Für 4 Personen
25 Min. Zubereitung | 30 Min. Marinieren
Pro Portion ca. 235 kcal, 3 g EW, 17 g F, 17 g KH

1 Rotkohl vierteln, Strunk herausschneiden. Den Kohl waschen und in feine Streifen schneiden oder hobeln. Apfel waschen, vierteln und das Kerngehäuse herausschneiden. Die Viertel in feine Stifte schneiden und sofort mit Zitronensaft mischen.

2 Preiselbeerkompott mit Essig und Walnussöl gut verquirlen und mit Salz, Pfeffer und Nelken würzen. Das Dressing mit dem Kohl und dem Apfel mischen und etwa 30 Min. ziehen lassen. Vor dem Servieren die Walnusskerne grob hacken und über den Salat streuen.

Die Hauptsache

Nur Salat? Ja, genau, denn in XXL-Größe und mit richtig was obendrauf, gibt's für mich nichts Besseres. Richtige Sattmacher-Salate, wie man sie im Bistro bekommt. Besonders gerne mag ich Kombis mit warmen Zutaten. Der Ingwer-Huhn-Salat ist einfach super – egal ob als leichtes Mittagessen, später Imbiss oder für abends.

Ingwer-Huhn-Salat

150 g Blattsalat (z. B. Lollo Rosso oder Eichblattsalat)
1 gelbe Paprikaschote
1 Möhre
150 g Champignons
400 g Hähnchenbrustfilet
1 großer Apfel
1 Knoblauchzehe
1 Stück frischer Ingwer (etwa 6 cm)
7 EL Olivenöl
3 EL Sojasauce
½ TL Sambal oelek
6 EL Hühnerbrühe
Salz | Pfeffer
3 EL Sherryessig

Für 4 Personen | 35 Min. Zubereitung
Pro Portion ca. 355 kcal, 26 g EW, 22 g F, 10 g KH

1 Den Blattsalat zerpflücken, waschen, trockenschleudern und in mundgerechte Stücke zupfen. Die Paprikaschote putzen, waschen und in feine Streifen schneiden. Möhre schälen und in dünne Scheiben schneiden. Alles auf Tellern verteilen.

2 Champignons putzen und vierteln. Fleisch in dünne Scheiben schneiden. Den Apfel waschen, vierteln, entkernen und in feine Spalten schneiden. Knoblauch schälen und klein hacken. Den Ingwer schälen und in dünne Scheiben hobeln.

3 In einer Pfanne 3 EL Öl erhitzen. Fleisch darin bei starker Hitze anbraten, Apfel und Pilze zugeben, 3 Min. braten. Den Ingwer und Knoblauch zugeben, Sojasauce, Sambal oelek und Brühe unterrühren, salzen und pfeffern. Bei mittlerer Hitze offen 4 Min. köcheln lassen. Essig und restliches Öl verrühren, salzen, pfeffern und über dem Blattsalat verteilen. Pfanneninhalt noch warm über den Salat geben.

DIE HAUPTSACHE

ausgefallener Salatcocktail
Mojito-Steak-Salat

Für alle, die das Ungewöhnliche nicht nur in der Bar lieben: frische Minze gibt hier den extravaganten Frischekick.

500 g Rindersteak oder -filet (z. B. Rumpsteaks)
½ Bund Minze | 1 rote Chilischote
5 EL Olivenöl | 2 kleine Zucchini
2 rote Paprikaschoten
1 kleiner Lollo Rosso
1 rote Zwiebel
Salz | Pfeffer
70 ml Fleischbrühe
4 EL Aceto balsamico
2 EL Rum oder Cachaça (nach Belieben)

Für 4 Personen | 1 Std. 20 Min. Zubereitung
Pro Portion ca. 345 kcal, 29 g EW, 21 g F, 6 g KH

1 Das Fleisch in dünne Streifen oder Scheiben schneiden. Die Minze waschen, trockenschütteln und die Blättchen fein hacken. Die Chilischote waschen, entstielen, längs halbieren, entkernen und fein würfeln. Das Fleisch mit der Chilischote, 2 EL gehackter Minze und 2 EL Öl mischen und 30 Min. ziehen lassen.

2 Inzwischen die Zuchini waschen, putzen und in dünne Scheiben schneiden. Die Paprikaschoten halbieren, putzen, waschen und in feine Streifen schneiden. Den Lollo Rosso zerpflücken, waschen, trockenschleudern und in mundgerechte Stücke zupfen. Blattsalat auf vier Teller oder Schüsselchen verteilen, Paprikastreifen darauf geben.

3 Zwiebel schälen und in feine Streifen schneiden. 2 EL Öl in einer Pfanne erhitzen, darin das Fleisch bei starker Hitze etwa 1 Min braten, dabei rühren oder wenden. Salzen und pfeffern, herausnehmen. Übriges Öl in die Pfanne geben, darin die Zwiebel und die Zuchini etwa 2 Min. anbraten. Die Brühe dazugießen, 1 Min. kochen lassen.

4 Den Essig und nach Belieben Rum oder Cachaça zugeben, 30 Sek. köcheln lassen. Fleisch und 2 EL Minze dazugeben und gut durchmischen, vom Herd nehmen und warm über dem Salat verteilen. Nach Wunsch noch mit etwas Minze bestreuen.

VARIANTE – VIETNAMESISCHER RINDFLEISCHSALAT

500 g Rinderfilet in dünne Scheiben schneiden. Von 2 Stängeln Zitronengras die unteren 10 cm längs vierteln, anschließend fein hacken. Beides mit je 1 klein gehackten roten Chilischote und Knoblauchzehe, 2 EL Fischsauce (aus dem Asienladen) und 1 EL Limettensaft mischen und etwa 30 Min. ziehen lassen. Inzwischen 300 g frische Ananas und ½ Salatgurke in dünne Stücke schneiden, 1 rote Zwiebel in Streifen schneiden und alles mit 100 g Mungobohnensprossen und einem Dressing aus 3 EL Sojasauce, 2 EL Fischsauce, 2 EL Limettensaft, 5 EL Erdnussöl, Salz und Pfeffer mischen. 3 EL Öl in einer Pfanne erhitzen, darin das Fleisch bei starker Hitze 1 Min. braten. Vom Herd nehmen und noch warm mit den übrigen Zutaten mischen. Mit gehacktem Thai-Basilikum und Minze bestreuen.

DIE HAUPTSACHE

herbstlich
Bündner Pilzsalat

1 kleiner Lollo Biondo (etwa 150 g)
500 g gemischte Pilze (z. B. Champignons, Pfifferlinge, Steinpilze) | 1 Zwiebel
2 EL Butterschmalz | Salz | Pfeffer
2 EL Sherry (nach Belieben)
50 ml Gemüsebrühe | 3 EL Rotweinessig
2 EL Haselnussöl | ½ Bund Petersilie
100 g Bündner Fleisch (in Scheiben)
80 g frisch gehobelter Sbrinz (ersatzweise Parmesan)

Für 4 Personen | 35 Min. Zubereitung
Pro Portion ca. 275 kcal, 22 g EW, 19 g F, 3 g KH

1 Den Lollo Biondo zerpflücken, waschen und trockenschleudern. Die Blätter auf vier Tellern oder Schüsselchen auslegen.

2 Pilze putzen, große Pilze halbieren oder vierteln. Zwiebel schälen und fein würfeln. Butterschmalz in einer Pfanne erhitzen, darin die Zwiebel andünsten, Pilze zugeben und anbraten. Salzen und pfeffern, mit Sherry nach Belieben und der Brühe ablöschen, 2–3 Min. bei starker Hitze köcheln lassen. Vom Herd nehmen, lauwarm abkühlen lassen.

3 Inzwischen Essig mit Öl verrühren, salzen und pfeffern. Petersilie waschen, trockenschütteln und hacken. Alles mit den Pilzen mischen und noch lauwarm über dem Salat verteilen. Mit Bündner Fleisch und Sbrinz garnieren, mit Pfeffer übermahlen.

für Käsefreunde | kräftig
Roquefort-Trauben-Salat

2 Stauden Chicorée
½ kleiner roter Eichblattsalat (etwa 100 g)
3 Stangen Staudensellerie
100 g blaue Weintrauben
200 g Roquefort-Käse
6 EL Sahne
2 EL Crème fraîche
3 EL Zitronensaft
1 EL Calvados (nach Belieben)
2 EL Walnussöl
Salz | Pfeffer

Für 4 Personen | 30 Min. Zubereitung
Pro Portion ca. 385 kcal, 14 g EW, 32 g F, 10 g KH

1 Den Chicorée waschen, putzen, längs halbieren, Strunk entfernen und die Hälften in breite Streifen schneiden. Eichblattsalat zerpflücken, waschen, trockenschleudern und die Blätter in mundgerechte Stücke zupfen. Staudensellerie waschen, putzen und in feine Scheiben schneiden. Weintrauben waschen, halbieren und entkernen.

2 Die Hälfte des Roquefort in Stücke schneiden und mit der Sahne mit einer Gabel gut zerdrücken. Crème fraîche, Zitronensaft und nach Belieben den Calvados unterrühren. Das Öl unterschlagen und das Dressing mit Salz und Pfeffer würzen. Übrigen Roquefort in kleine Würfel schneiden.

3 Chicorée, Eichblattsalat und Staudensellerie mischen, Dressing über den Salat geben und die Trauben und die Käsewürfel darauf verteilen.

DIE HAUPTSACHE

edel | für Festtage

Zwetschgen-Entenbrust-Salat

300 g Zwetschgen
100 ml Portwein
5 EL Rotweinessig | 1 EL Zucker
1 Sternanis | 1 Entenbrustfilet (etwa 300 g)
Salz | Pfeffer
400 g Feldsalat | 1 kleiner Radicchio
2 EL Johannisbeergelee
3 EL Traubenkernöl

Für 4 Personen | 40 Min. Zubereitung
Pro Portion ca. 385 kcal, 16 g EW, 23 g F, 23 g KH

1 Zwetschgen waschen, vierteln und entsteinen. Portwein, Essig, Zucker und Sternanis in einem Topf aufkochen. Die Zwetschgen hineingeben und bei schwacher Hitze 3–5 Min. offen köcheln lassen. Zwetschgen herausnehmen, den Sud bei großer Hitze offen auf die Hälfte einkochen lassen. Vom Herd nehmen, leicht abkühlen lassen.

2 Inzwischen das Entenbrustfilet trockentupfen, die Haut gitterförmig einschneiden, salzen und pfeffern. Mit der Hautseite nach unten in eine Pfanne legen und 8–10 Min. bei mittlerer Hitze braten. Wenden und etwa weitere 6 Min. braten. Herausnehmen und in Alufolie wickeln.

3 Feldsalat und Radicchio putzen, waschen und trockenschleudern. Radicchio in Streifen schneiden. Entenbrustfilet in dünne Scheiben schneiden und mit den Zwetschgen auf dem Salat verteilen. Das Johannisbeergelee und das Traubenkernöl unter den lauwarmen Portweinsud schlagen (Anis entfernen), salzen, pfeffern und über den Salat geben.

für Feinschmecker

Hähnchenleber-salat mit Feigen

1 Bund Brunnenkresse
1 Bund Rucola | 1 gelbe Paprikaschote
8 frische Feigen
300 g Hähnchenlebern
3 EL Pinienkerne
4 EL Rapsöl | 2 EL Butter
Salz | Pfeffer
3 EL Portwein (ersatzweise roter Traubensaft)
1 TL Dijon-Senf | 2 EL Cidreessig
2 EL Walnussöl

Für 4 Personen | 30 Min. Zubereitung
Pro Portion ca. 455 kcal, 20 g EW, 19 g F, 21 g KH

1 Brunnenkresse und Rucola putzen, waschen und trockenschleudern, harte Stiele entfernen. Die Paprikaschote halbieren, putzen, waschen und möglichst fein würfeln. Feigen vorsichtig waschen und in dünne Spalten schneiden.

2 Hähnchenlebern trockentupfen, die Häutchen und Sehnen entfernen. Pinienkerne in einer Pfanne ohne Fett bei mittlerer Hitze rösten, herausnehmen. 2 EL Rapsöl mit der Butter in der Pfanne erhitzen, darin die Lebern etwa 4 Min. braten. Mit Salz und Pfeffer würzen, mit dem Portwein ablöschen. Vom Herd nehmen.

3 Senf, Essig, übriges Rapsöl, Walnussöl und die Pinienkerne gut verrühren, salzen und pfeffern. Brunnenkresse und Rucola darin wenden und mit den Feigen auf Tellern verteilen. Warme Lebern darüber geben und mit den Paprikawürfelchen bestreuen. Mit Pfeffer übermahlen.

oben: Zwetschgen-Entenbrust-Salat | unten: Hähnchenlebersalat mit Feigen

DIE HAUPTSACHE

biergartentauglich
Rettich-Weißwurst-Salat

Genau richtig zur deftigen Brotzeit ist dieser ungewöhnliche Wurstsalat nicht nur in Bayern hitverdächtig.

400 g rote Rettiche (ersatzweise Radieschen) | Salz
300 g Weißwürste (ersatzweise Lyonerwurst)
2 rote Zwiebeln
2 Gewürzgurken
2 EL süßer Senf
4 EL Weißweinessig
8 EL Sonnenblumenöl
Pfeffer
1 Bund Schnittlauch

Für 4 Personen | 50 Min. Zubereitung
Pro Portion ca. 470 kcal, 11 g EW, 44 g F, 6 g KH

1 Die Rettiche waschen, putzen, eventuell schälen und in dünne Scheiben schneiden. Mit etwas Salz bestreuen und 15 Min. stehen lassen.

2 Inzwischen die Weißwürste in heißem Wasser in 5–7 Min. gar ziehen lassen. Dann abgießen, leicht abkühlen lassen und die Haut abziehen (Lyonerwurst häuten und in Scheiben schneiden). Die Zwiebeln schälen und in dünne Ringe schneiden. Die Gewürzgurken fein würfeln.

3 Senf, Essig und Öl gut verrühren, salzen und pfeffern. Schnittlauch waschen, trockenschütteln, in Röllchen schneiden und mit den Essiggurken unter das Dressing mischen. Weißwürste in dünne Scheiben schneiden, mit den Rettichscheiben und den Zwiebelringen auf einer Platte anrichten und mit dem Dressing begießen.

UND DAZU?
Servieren Sie den Salat mit frischen Laugenbrezeln oder -brötchen.

VARIANTE – SCHWEIZER WURSTSALAT
Für den Klassiker 300 g Lyonerwurst-Scheiben mit 180 g in Streifen geschnittenem Emmentaler und 1 in Ringe geschnittenen Zwiebel auf einer Platte anrichten. Ein Dressing aus 3 EL Rotweinessig, 3 EL Fleischbrühe, 5 EL Sonnenblumenöl, 2 EL Schnittlauchröllchen und 2 gewürfelten Gewürzgurken anrühren und darüber gießen, etwas durchziehen lassen.

VARIANTE – EXOTISCHER WURSTSALAT
Je 150 g Putenlyoner und Emmentaler (in Scheiben) in Streifen schneiden. 1 großen Radicchio zerpflücken, waschen, trockenschleudern und in feine Streifen schneiden. 3 Mandarinen schälen und in Schnitze teilen. Alles mischen. Den Saft von 1 Mandarine mit 100 g Salatmayonnaise, 75 g saurer Sahne und 4 EL Sonnenblumenöl mischen, mit 1 TL Currypulver, etwas Chilipulver, Salz und Pfeffer würzen. Das Dressing mit dem Salat vermengen.

DIE HAUPTSACHE

fruchtig & scharf

Garnelen-Pfirsich-Salat

500 g geschälte, ungegarte Riesengarnelen
1 Knoblauchzehe | 5 Pfirsiche
100 ml frisch gepresster Orangensaft
2 EL Ahornsirup | 2 EL Sherryessig
5 EL Distelöl | Salz | Pfeffer
1 kleiner Eichblattsalat
1 gelbe Paprikaschote
5 Stängel Basilikum
1–2 EL eingelegte grüne Pfefferkörner

Für 4 Personen | 25 Min. Zubereitung
Pro Portion ca. 370 kcal, 28 g EW, 17 g F, 23 g KH

1 Garnelen am Rücken längs einschneiden und den Darm vorsichtig entfernen. Knoblauch schälen, durch die Presse drücken und mit den Garnelen mischen. Die Pfirsiche waschen, vierteln, entkernen. 1 Pfirsich grob zerschneiden und mit Orangensaft und Ahornsirup pürieren. Essig und 3 EL Öl unterschlagen, salzen, pfeffern. Restliche Pfirsiche in dünne Spalten schneiden.

2 Eichblattsalat zerpflücken, waschen, trockenschleudern, in mundgerechte Stücke zupfen und auf vier Tellern auslegen. Die Pfirsichspalten darauf verteilen. Paprika halbieren, putzen, waschen und klein würfeln, über den Salat streuen. Das Dressing über den Salat gießen.

3 Basilikumblätter grob zerzupfen. Übriges Öl in einer Pfanne erhitzen, Garnelen und Knoblauch zugeben und etwa 2 Min. bei mittlerer Hitze braten. Salzen und pfeffern, anschließend sofort auf dem Salat verteilen. Den Salat mit Pfefferkörnern und Basilikum bestreuen. Mit Weißbrot servieren.

exotisch

Fisch-Kokos-Salat

450 g Seelachsfilet | ½ Bund Koriandergrün
1 Knoblauchzehe | 1 rote Chilischote
1 Bio-Limette | 2 EL Erdnussöl
120 ml Kokosmilch (aus der Dose)
Salz | Pfeffer
2 EL Crème fraîche | 1 kleiner Chinakohl
1 gelbe Paprikaschote | 3 Tomaten

Für 4 Personen
25 Min. Zubereitung | 1 Std. Marinieren
Pro Portion ca. 240 kcal, 23 g EW, 14 g F, 4 g KH

1 Das Fischfilet in 3 cm große Würfel schneiden. Koriander waschen, trockenschütteln und die Hälfte hacken. Knoblauch schälen. Chilischote waschen, entstielen, längs halbieren und entkernen. Knoblauch und Chili fein würfeln, Limette heiß waschen und die Schale abreiben. Saft auspressen und die Hälfte davon beiseite stellen. Alles mit Öl mischen und zugedeckt im Kühlschrank 1 Std. marinieren.

2 Dann eine Pfanne erhitzen, Fischwürfel hineingeben und 1 Min. bei mittlerer Hitze garen. Kokosmilch angießen und 2 Min. weitergaren, salzen und pfeffern. Vom Herd nehmen und die Crème fraîche unterrühren, abkühlen lassen.

3 Inzwischen Chinakohl vierteln, waschen und den Strunk entfernen, die Viertel in Streifen schneiden. Die Paprika putzen, waschen und in feine Streifen schneiden. Tomaten waschen und achteln, dabei die Stielansätze entfernen. Übrigen Koriander hacken. Gemüse und Salat mischen, den Fisch samt Sauce unterheben, mit übrigem Limettensaft abschmecken und mit Koriander bestreuen.

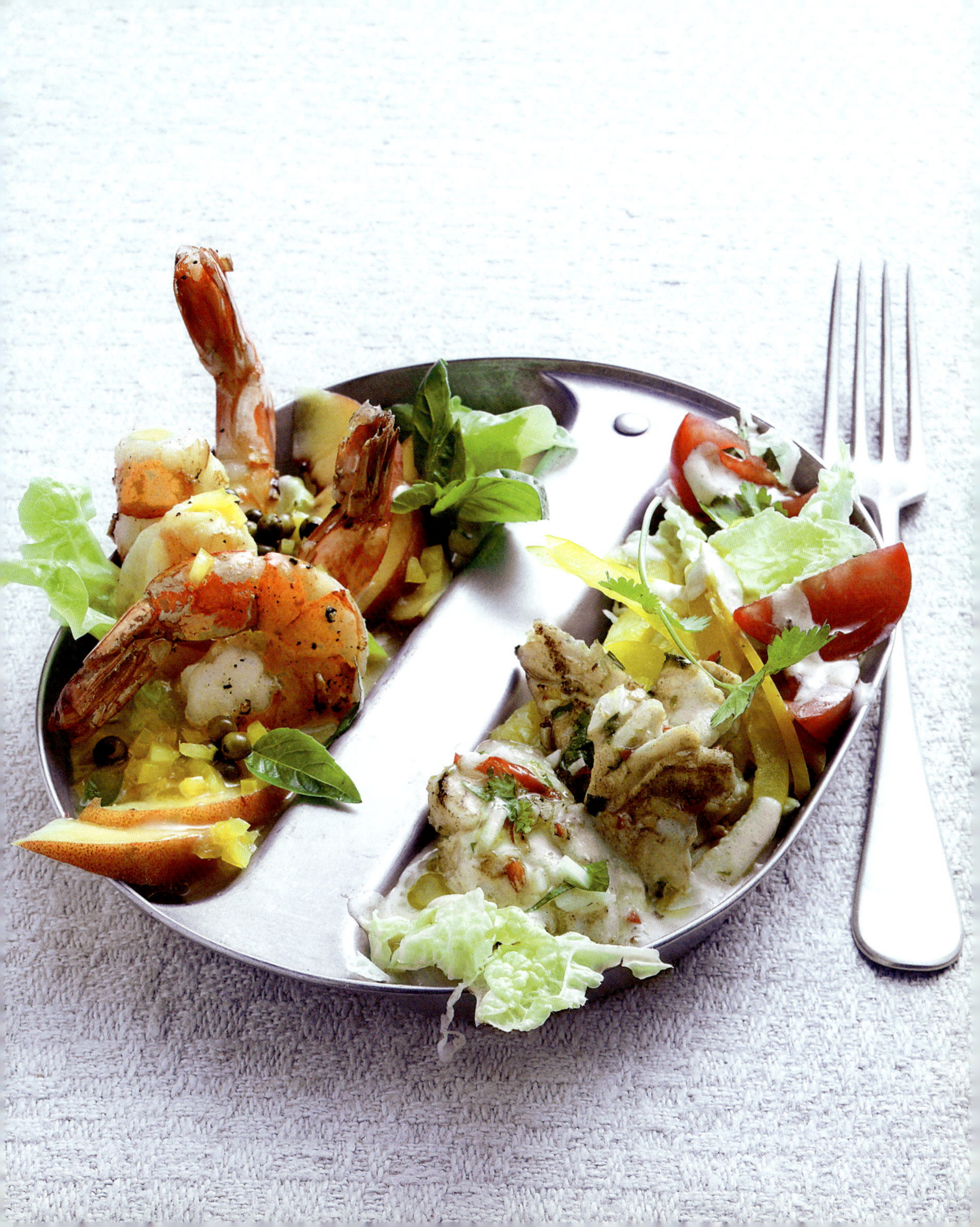

DIE HAUPTSACHE

Klassiker auf neue Art
Indischer Kichererbsen-Brot-Salat

Gewürz- und kräutersatt findet dieser Salat sicher schnell seine Fans – und garantiert nicht nur bei Curryliebhabern!

3 Tomaten | ½ Salatgurke
1 rote Zwiebel
1 Dose Kichererbsen (240 g Abtropfgewicht)
200 g Fladenbrot | 2 Knoblauchzehen
100 ml Olivenöl
3 EL Butter
1 TL Kreuzkümmelsamen
1 TL Garam masala (indische Gewürzmischung)
½ TL Chilipulver
3 EL Weißweinessig
1 TL Zucker | Salz | Pfeffer
je ¼ Bund Koriandergrün und Minze

Für 4 Personen
⏱ 30 Min. Zubereitung | 30 Min. Marinieren
Pro Portion ca. 490 kcal, 9 g EW, 26 g F, 54 g KH

1 Die Tomaten und die Gurke waschen und in kleine Würfel schneiden, dabei die Stielansätze der Tomaten entfernen. Die Zwiebel schälen und in schmale Streifen schneiden. Kichererbsen in ein Sieb gießen, kalt abbrausen und abtropfen lassen. Alles in einer Schüssel mischen.

2 Das Fladenbrot in 2 cm große Würfel schneiden, Knoblauch schälen. 5 EL Öl und die Butter in einer Pfanne erhitzen. Kreuzkümmel, Garam masala, Chili und Brot dazugeben, Knoblauch dazupressen und alles gut verrühren. Das Brot unter weiterem Rühren bei mittlerer Hitze goldbraun und knusprig braten. Herausnehmen.

3 Essig, Zucker und übriges Olivenöl verrühren, salzen und pfeffern. Den Koriander und die Minze waschen, trockenschütteln, fein hacken und unter das Dressing rühren.

4 Brot mit den übrigen Salatzutaten mischen, dann das Dressing unterrühren. Den Salat möglichst noch 30 Min. ziehen lassen, danach nochmals abschmecken.

UND DAZU?
Servieren Sie den Salat zusätzlich mit einer Granatapfel-Raita: 250 g Joghurt mit ½ TL gemahlenem Kreuzkümmel verrühren und 2 EL gehackte Minze untermischen. Mit Salz und Pfeffer würzen. 1 Granatapfel aufbrechen, Fruchtkerne herauslösen und unter die Raita mischen.

VARIANTE – PANZANELLA
Ganz ähnlich in der Zubereitung ist dieser klassische italienische Brotsalat: 5 Tomaten, ½ Salatgurke und 1 rote Zwiebel wie beschrieben klein schneiden. 200 g Weißbrot (z. B. Ciabatta) würfeln und mit 2 durchgepressten Knoblauchzehen in 5 EL Olivenöl bei mittlerer Hitze goldbraun braten. Das Dressing aus 3 EL Aceto balsamico, 5 EL Olivenöl, Salz und Pfeffer zubereiten und 1 Bund gehacktes Basilikum unterrühren. Alles mischen und etwa 1 Std. ziehen lassen.

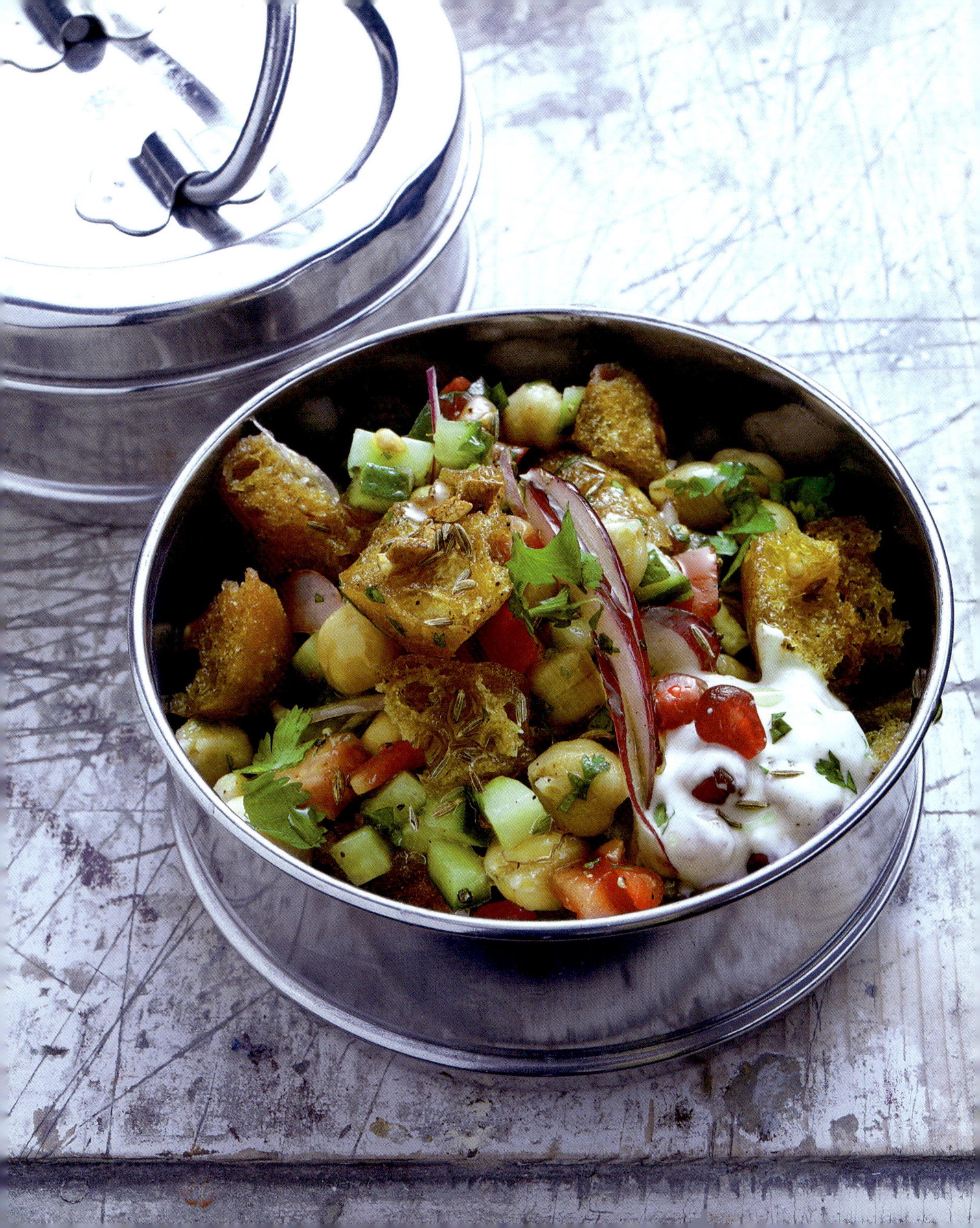

Feiersalate für Viele

Sie gehören zu jeder Party: Nudelsalat & Co. Aber immer nur Schichtsalat ist viel zu langweilig und wirklich Schnee von gestern. Frisch aufgepeppt, macht sich jede Menge Frisches aus aller Welt auf den Büfetts breit. Und nicht nur vom grünen Tortellinisalat können Sie ruhig gleich die doppelte Menge zubereiten.

Grüner Tortellinisalat

1 Packung grüne Spinat-Ricotta-Tortellini (etwa 400 g, aus dem Kühlregal)
½ l Hühnerbrühe
400 g Hähnchenbrustfilet
1 ganz frisches Eigelb (Größe M)
2 EL Zitronensaft
Salz | Pfeffer
⅛ l Olivenöl
150 g Spinat
1 großes Bund gemischte Kräuter (z. B. Basilikum, Petersilie, Schnittlauch)
2 TL Dijon-Senf

Für 4 Personen | 1 Std. 20 Min. Zubereitung
Pro Portion ca. 525 kcal, 35 g EW, 31 g F, 22 g KH

1 Die Tortellini nach Packungsanweisung garen, abgießen und abtropfen lassen. Brühe aufkochen, Hähnchenfleisch einlegen und bei schwacher Hitze zugedeckt in etwa 25 Min. gar ziehen lassen. Abkühlen lassen.

2 Inzwischen Eigelb mit Zitronensaft, Salz und Pfeffer verquirlen. Öl erst tröpfchenweise, dann in dünnem Strahl dazugießen, dabei ständig kräftig mit dem Schneebesen schlagen. So lange rühren, bis eine cremige Mayonnaise entstanden ist.

3 Spinat verlesen, putzen, waschen, in einen Topf geben und bei starker Hitze zusammenfallen lassen. Abkühlen lassen und gut ausdrücken. Die Kräuter waschen, trockenschütteln und grob hacken. Mit Spinat, Senf und etwas Brühe pürieren und unter die Mayonnaise rühren, salzen und pfeffern. Hähnchenfleisch aus der Brühe nehmen, in Stückchen schneiden und mit Tortellini und Dressing mischen.

herbstlich | deftig

Kartoffelsalat mit Pfifferlingen

Kartoffelsalat gehört in Baden einfach zu Kasseler und Schäufele. Ich mag diesen Klassiker besonders gern leicht abgewandelt mit Pilzen.

800 g fest kochende Kartoffeln | Salz | 200 ml Fleischbrühe | 80 ml Rotweinessig | Pfeffer | 3 Schalotten | 200 g Pfifferlinge | 50 g durchwachsener, geräucherter Speck | 5 EL Sonnenblumenöl | 1 Bund Schnittlauch

Für 4 Personen | 1 Std. 20 Min. Zubereitung
Pro Portion ca. 355 kcal, 6 g EW, 24 g F, 28 g KH

1 Die Kartoffeln waschen und ungeschält in einem Topf mit Salzwasser zugedeckt in 25–30 Min. bei mittlerer Hitze gar kochen.

2 Die Kartoffeln abgießen und kurz abkühlen lassen, dann noch warm pellen und in Scheiben schneiden. Die Fleischbrühe mit 50 ml Essig aufkochen und heiß über die Kartoffeln geben, salzen und pfeffern, vorsichtig vermischen und 30 Min. ziehen lassen.

3 Inzwischen die Schalotten schälen und fein hacken. Die Pfifferlinge waschen und putzen, große Pilze klein schneiden. Die Schwarte vom Speck entfernen und den Speck in kleine Würfel schneiden.

4 In einer Pfanne 1 EL Öl erhitzen, darin den Speck bei mittlerer Hitze knusprig braun braten, herausnehmen. Die Schalotten im Bratfett andünsten, die Pilze dazugeben und unter Rühren 3–4 Min. braten, salzen und pfeffern, dann vom Herd nehmen.

5 Schnittlauch waschen, trockenschütteln und in Röllchen schneiden. Übriges Öl und restlichen Essig kräftig verquirlen und mit Pilzen, Speck und Schnittlauch unter die Kartoffeln mischen. Nochmals mit Salz und Pfeffer abschmecken und möglichst leicht lauwarm servieren.

frühlingsleicht & kräuterfrisch
Kartoffel-Spargel-Salat

600 g fest kochende Kartoffeln | Salz | 5 EL Weißweinessig | 5 EL Sonnenblumenöl | 180 ml Gemüsebrühe | Pfeffer | 500 g weißer Spargel | 150 g TK-Erbsen | 3 Frühlingszwiebeln | 50 g Bärlauch | 1 Bund Kräuter für Grüne Sauce | 1 EL Senf | 200 g saure Sahne

Für 4 Personen | ⏱ 1 ½ Std. Zubereitung
Pro Portion ca. 360 kcal, 9 g EW, 21 g F, 32 g KH

1 Kartoffeln wie auf Seite 42 beschrieben kochen, pellen und in Scheiben schneiden. Essig, Öl und 100 ml Brühe verrühren, über die Kartoffeln gießen, salzen und pfeffern, mischen.

2 Spargel schälen, putzen und quer dritteln. In Salzwasser 12–15 Min. garen, die letzten 2 Min. die Erbsen zugeben. Abgießen und abtropfen lassen. Frühlingszwiebeln waschen, putzen und in Ringe schneiden. Bärlauch und Kräuter waschen, hacken, mit übriger Brühe pürieren. Mit Senf, Sahne und Zwiebeln verrühren, alles mit Kartoffeln mischen.

toll im Sommer
Kartoffelsalat »Italia«

800 g fest kochende Kartoffeln | Salz | ½ Bio-Zitrone | 2 EL Balsamico bianco | 6 EL Olivenöl | 8 in Öl eingelegte, getrocknete Tomaten | 2 Knoblauchzehen | Pfeffer | 1 Bund Basilikum | 1 Bund Rucola | 250 g Mortadella (in Scheiben)

Für 4 Personen | ⏱ 1 Std. 20 Min. Zubereitung
Pro Portion ca. 510 kcal, 15 g EW, 34 g F, 35 g KH

1 Kartoffeln wie auf Seite 42 beschrieben kochen, pellen und in Scheiben schneiden. Die Zitrone heiß waschen, Schale fein abreiben und den Saft auspressen. Schale und 2 EL Saft mit Essig und Öl verrühren. Tomaten in feine Streifen schneiden und dazugeben, Knoblauch schälen und dazupressen, salzen und pfeffern. Marinade mit den Kartoffeln mischen und 20 Min. ziehen lassen.

2 Basilikumblätter fein hacken. Rucola waschen und grobe Stiele entfernen, Rucola hacken. Mortadella in Streifen schneiden und mit Rucola und Basilikum unter den Salat mischen, abschmecken.

FEIERSALATE FÜR VIELE

deftig | fürs Sommerbüfett

Bohnen-Kasseler-Salat

400 g fest kochende Kartoffeln
Salz | 500 g grüne Bohnen
3 Stängel Bohnenkraut
6 EL Kürbiskerne
2 Kästchen Gartenkresse
3 EL Weißweinessig
2 EL süßer Senf | 6 EL Kürbiskernöl
6 EL heiße Gemüsebrühe
Pfeffer | 150 g geräuchertes Kasselerfleisch

Für 4 Personen | 50 Min. Zubereitung
Pro Portion ca. 450 kcal, 19 g EW, 31 g F, 24 g KH

1 Die Kartoffeln waschen und ungeschält in einem Topf mit Salzwasser zugedeckt in 25–30 Min. bei mittlerer Hitze gar kochen. Abgießen und etwas abkühlen lassen, dann noch warm schälen und in mundgerechte Würfel schneiden.

2 Inzwischen in einem Topf Wasser zum Kochen bringen, salzen. Bohnen waschen, putzen und quer halbieren, das Bohnenkraut abbrausen. Beides in den Topf geben und die Bohnen 10–15 Min. garen. In ein Sieb abgießen, kalt abbrausen und gut abtropfen lassen. Das Kraut entfernen.

3 Kürbiskerne in einer Pfanne ohne Fett rösten, abkühlen lassen. Die Kresse mit einer Schere abschneiden. Die Hälfte der Kresse mit den Kürbiskernen (1 EL zurückbehalten), Essig, Senf, Öl und Brühe pürieren, salzen und pfeffern. Das Kasseler klein würfeln und mit dem Dressing, den Bohnen und den Kartoffeln mischen. Mit Salz und Pfeffer nachwürzen und mit übrigen Kürbiskernen und restlicher Kresse bestreuen.

klein & fein

Krabben-Eier-Salat

6 Eier (Größe M)
250 g Zucchini
250 g Staudensellerie
½ Bio-Zitrone | 1 EL Kapern
100 g Mayonnaise
200 g Joghurt
1 TL Dijon-Senf | 1 Bund Dill
Salz | Pfeffer
300 g geschälte, gegarte Grönlandkrabben

Für 4 Personen | 30 Min. Zubereitung
Pro Portion ca. 365 kcal, 27 g EW, 25 g F, 6 g KH

1 Eier in etwa 10 Min. hart kochen, abschrecken und abkühlen lassen. Inzwischen die Zucchini und den Staudensellerie waschen, putzen und möglichst klein würfeln.

2 Die Zitrone heiß waschen, Schale abreiben und Saft auspressen. Kapern möglichst fein hacken. Mayonnaise und Joghurt mit 1 EL Zitronensaft, Zitronenschale, Kapern und Senf verrühren. Dill waschen, trockenschütteln, fein hacken und ebenfalls unterrühren, mit Salz und Pfeffer würzen.

3 Die Krabben mit dem übrigen Zitronensaft mischen. Die Eier pellen und vierteln. Krabben, Eier, Zucchini, Staudensellerie und Dressing vorsichtig mischen.

SERVIER-TIPP
Besonders edel wirkt der Salat auf einer mit Kopfsalatblättern ausgelegten Platte. Servieren Sie dazu Pumpernickel- oder geröstete Toastbrotecken.

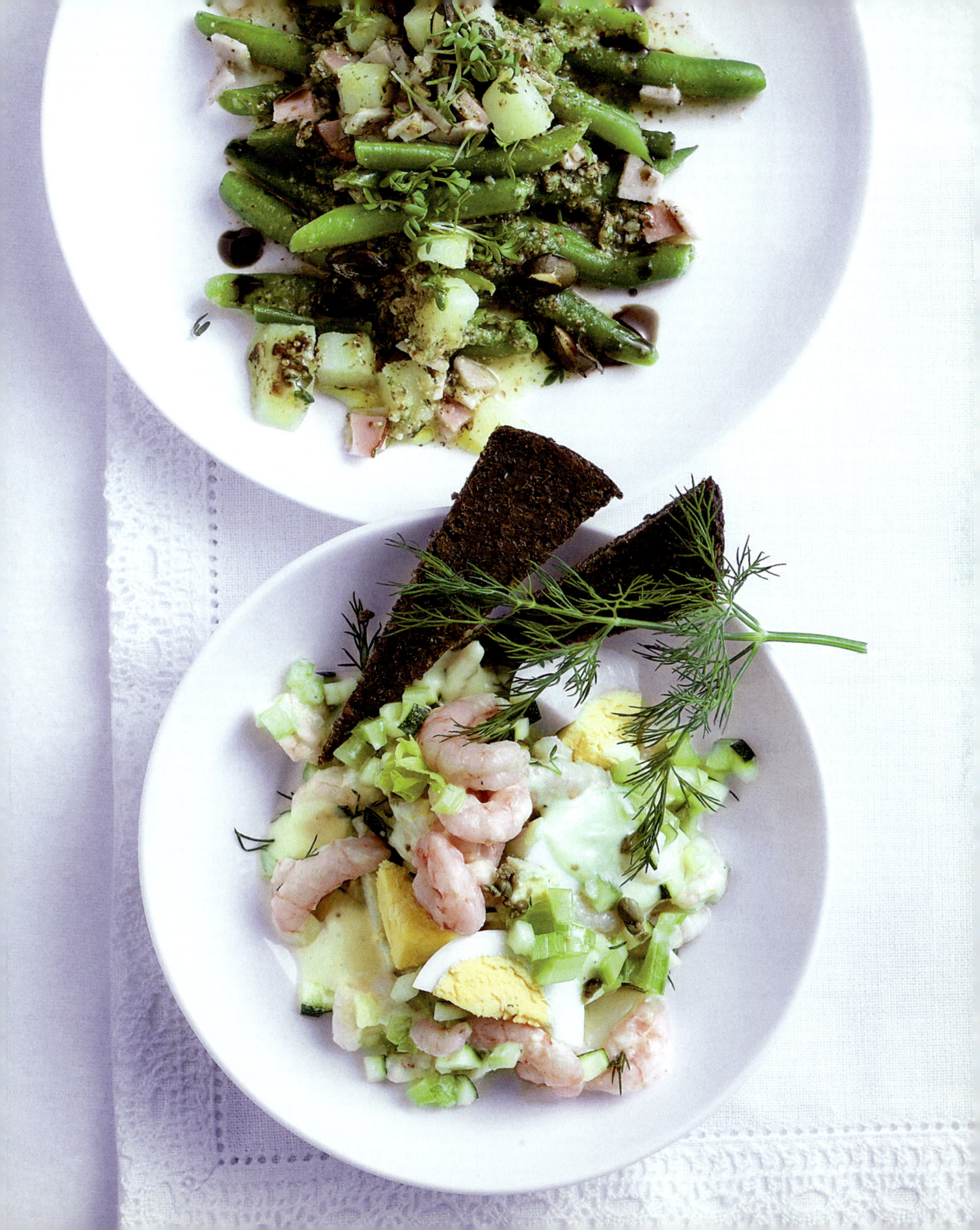

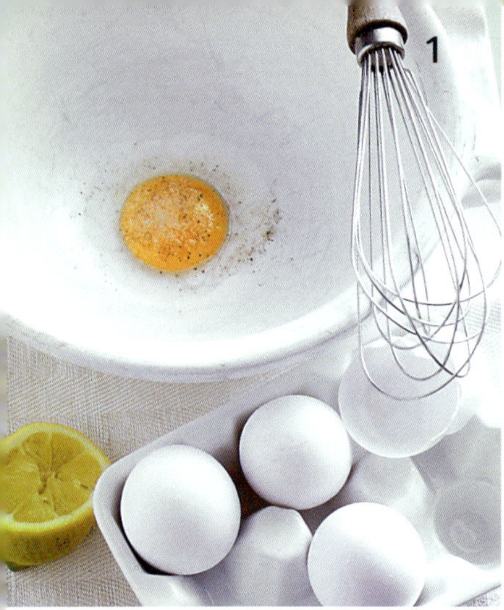
1

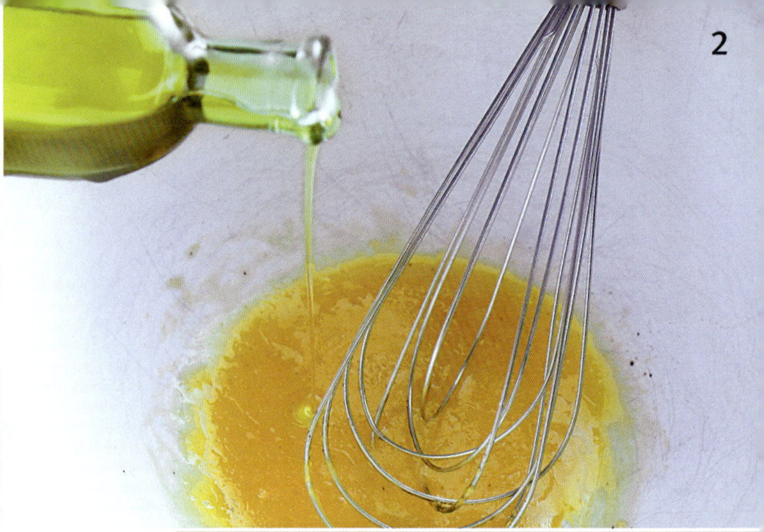
2

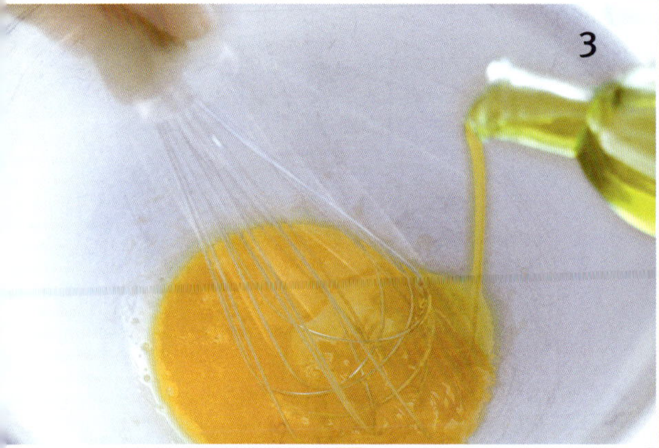
3

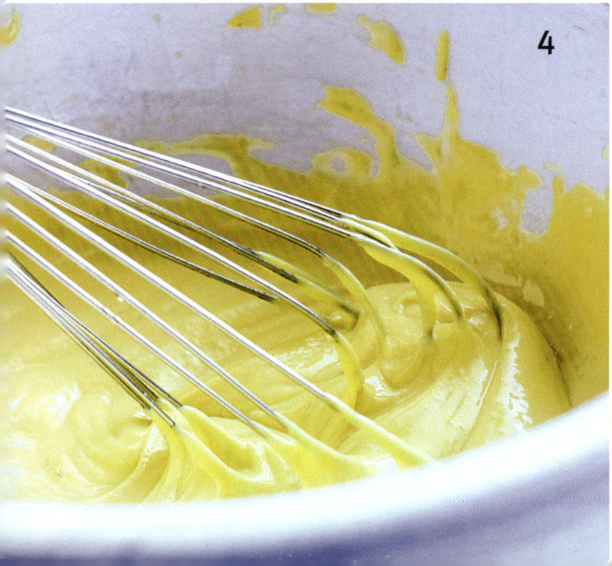
4

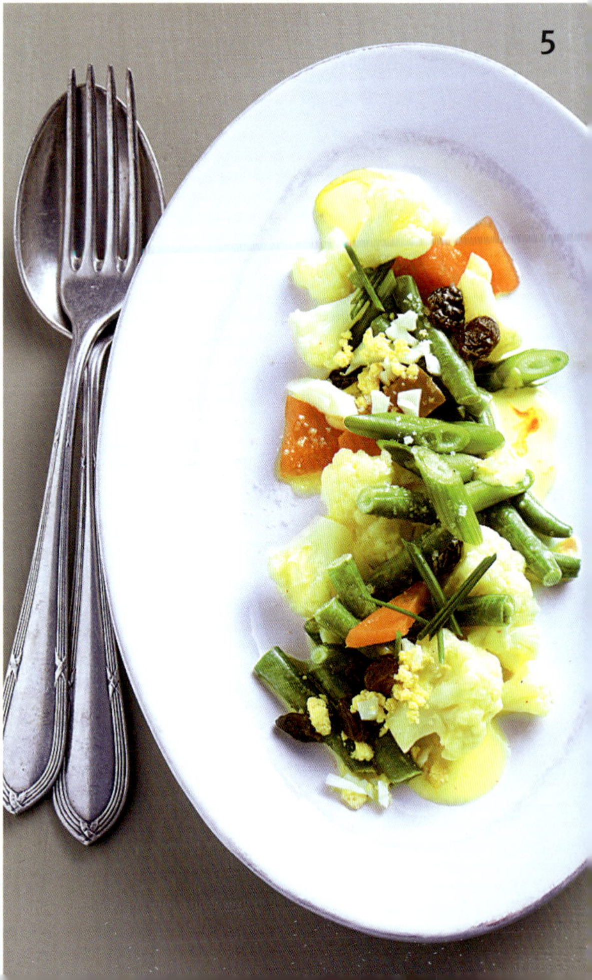
5

FEIERSALATE FÜR VIELE

ungewöhnlich
Safran-Blumenkohl-Salat mit Ei

Das kommt mir spanisch vor: Der dort beliebte russische Salat hier mal ganz neu interpretiert und herrlich safransonnengelb.

1 Blumenkohl (etwa 1 kg)
Salz | 200 g grüne TK-Bohnen
6 Eier (Größe M) | 4 EL Rosinen
1 sehr frisches Eigelb (Größe M)
1 EL Zitronensaft oder Weißweinessig
Pfeffer | 1/8 l Olivenöl
1 Prise Safranpulver | 1 Prise Chilipulver
100 g eingelegter Kürbis (aus dem Glas)
200 g saure Sahne
4 Frühlingszwiebeln
1 Bund Schnittlauch

Für 4 Personen | 50 Min. Zubereitung
Pro Portion ca. 515 kcal, 19 g EW, 38 g F, 27 g KH

1 Den Blumenkohl putzen, waschen und in kleine Röschen teilen, den Strunk wegwerfen. Reichlich Wasser in einem Topf aufkochen, salzen. Blumenkohl hineingeben und bei mittlerer Hitze offen etwa 5 Min. garen. Herausheben, in ein Sieb geben und unter kaltem Wasser abbrausen.

2 Wasser neu aufkochen, Bohnen hineingeben und 5–8 Min. garen. Dann in ein Sieb abgießen, kalt überbrausen, abtropfen lassen und in mundgerechte Stücke schneiden.

3 Eier in etwa 10 Min. hart kochen, abschrecken und abkühlen lassen. Rosinen mit heißem Wasser übergießen und kurz quellen lassen.

4 Inzwischen das Eigelb in eine große Schüssel geben und mit einem Schneebesen gut mit dem Zitronensaft oder Essig, Salz und Pfeffer verquirlen (Bild 1). Dann wenig Öl ganz langsam und tröpfchenweise (Bild 2) sorgfältig unterrühren. Nun das restliche Öl in dünnem Strahl dazugießen, dabei ununterbrochen weiterschlagen (Bild 3). So lange rühren, bis eine homogene cremige Mayonnaise entstanden ist (Bild 4).

5 Safran- und Chilipulver mit wenig Kürbissud aus dem Glas verrühren und sorgfältig mit der sauren Sahne unter die Mayonnaise schlagen. Bei Bedarf noch etwas Sud zugeben.

6 Den Kürbis in einem Sieb abtropfen lassen. Die Frühlingszwiebeln waschen, putzen und samt Grün schräg in kurze Stücke schneiden. Den Schnittlauch waschen, trockenschütteln und grob schneiden. Mit abgekühltem Blumenkohl, Bohnen, abgegossenen Rosinen, Kürbis und Mayonnaise mischen. Die Eier pellen, fein hacken und über den Salat streuen.

TIPP – MAYONNAISE
Mayonnaise – wie oben als Grundrezept in Schritt 4 beschrieben – lässt sich immer wieder neu abwandeln und etwa mit Kräutern oder Knoblauch, Chilischoten oder Currypulver aromatisieren. Wenn Sie wie im Rezept noch saure Sahne oder Joghurt unterrühren, wird eine Mayonnaise leichter. Und wenn's mal schnell gehen muss: Mayonnaise aus dem Glas nehmen, die es auch in kalorienärmerer Variante als Salatmayonnaise gibt.

FEIERSALATE FÜR VIELE

indisch curry-scharf

Linsen-Puten-Salat

450 g Putenbrustfilet
1 Knoblauchzehe | 3 EL Erdnussöl
Salz | Pfeffer | Saft von 1 Orange
1 TL indische Currypaste (aus dem Asienladen)
½ TL Sambal oelek | 1 Bund glatte Petersilie
½ l Gemüsebrühe | 250 g rote Linsen
2 Stangen Lauch | 5 EL Aceto balsamico

Für 4 Personen
⏱ 35 Min. Zubereitung | 3 Std. Marinieren
Pro Portion ca. 450 kcal, 43 g EW, 13 g F, 40 g KH

1 Das Fleisch in dünne Streifen schneiden. Knoblauch schälen. Das Öl in einer Pfanne erhitzen, das Fleisch darin 3–4 Min. bei mittlerer Hitze anbraten. Den Knoblauch dazupressen, salzen und pfeffern. Orangensaft, Currypaste und Sambal oelek unterrühren, aufkochen und vom Herd nehmen. Die Hälfte der Petersilie waschen, trockenschütteln, hacken und unterrühren. Mindestens 3 Std. im Kühlschrank zugedeckt marinieren lassen.

2 Brühe aufkochen, Linsen darin 5–7 Min. garen, in ein Sieb gießen (Brühe auffangen), kalt abspülen und abtropfen lassen. Den Lauch putzen, längs halbieren, waschen und in dünne, kurze Streifen schneiden. Den Lauch in kochendem Wasser etwa 30 Sek. garen, in ein Sieb gießen, kalt abbrausen, abtropfen lassen. Die übrige Petersilie waschen, trockenschütteln und hacken, mit Essig und Fleisch mischen. Alles mit Linsen und Lauch vermengen und kurz ziehen lassen. Bei Bedarf noch etwas Linsen-Kochbrühe zugießen.

sommerlich | mediterran

Ofentomaten-Bohnen-Salat

20 Kirschtomaten
4 EL Olivenöl | 2 Zweige Rosmarin
2 Knoblauchzehen
Salz | Pfeffer
1 Dose große, weiße Bohnen (425 g Abtropfgewicht)
1 rote Zwiebel
300 g Chorizo (spanische Paprikawurst, am Stück)
3 EL rotes Pesto (aus dem Glas)
3 EL Sherryessig | 4 EL Gemüsebrühe
½ Bund glatte Petersilie

Für 4 Personen | ⏱ 35 Min. Zubereitung
Pro Portion ca. 585 kcal, 29 g EW, 42 g F, 24 g KH

1 Den Ofen auf 220° vorheizen. Die Tomaten waschen und halbieren, die Schnittflächen mit Öl bepinseln. 1 Zweig Rosmarin waschen und trockenschütteln, die Nadeln abstreifen und hacken. Knoblauch schälen und klein würfeln. Rosmarin und Knoblauch auf den Tomaten verteilen, salzen und pfeffern. Die Tomaten mit der Schnittfläche nach oben auf ein Backblech legen und im Ofen (oben) in 10–15 Min. braun braten. Herausnehmen.

2 Die Bohnen in ein Sieb abgießen und abtropfen lassen. Die Zwiebel schälen und in feine Streifen schneiden, Chorizo klein würfeln. Pesto mit Essig und Brühe verrühren. Petersilie und übrigen Rosmarin waschen, trockenschütteln und hacken. Alles gut miteinander mischen. Anschließend vorsichtig die Tomaten unterheben.

oben: Ofentomaten-Bohnen-Salat | unten: Linsen-Puten-Salat

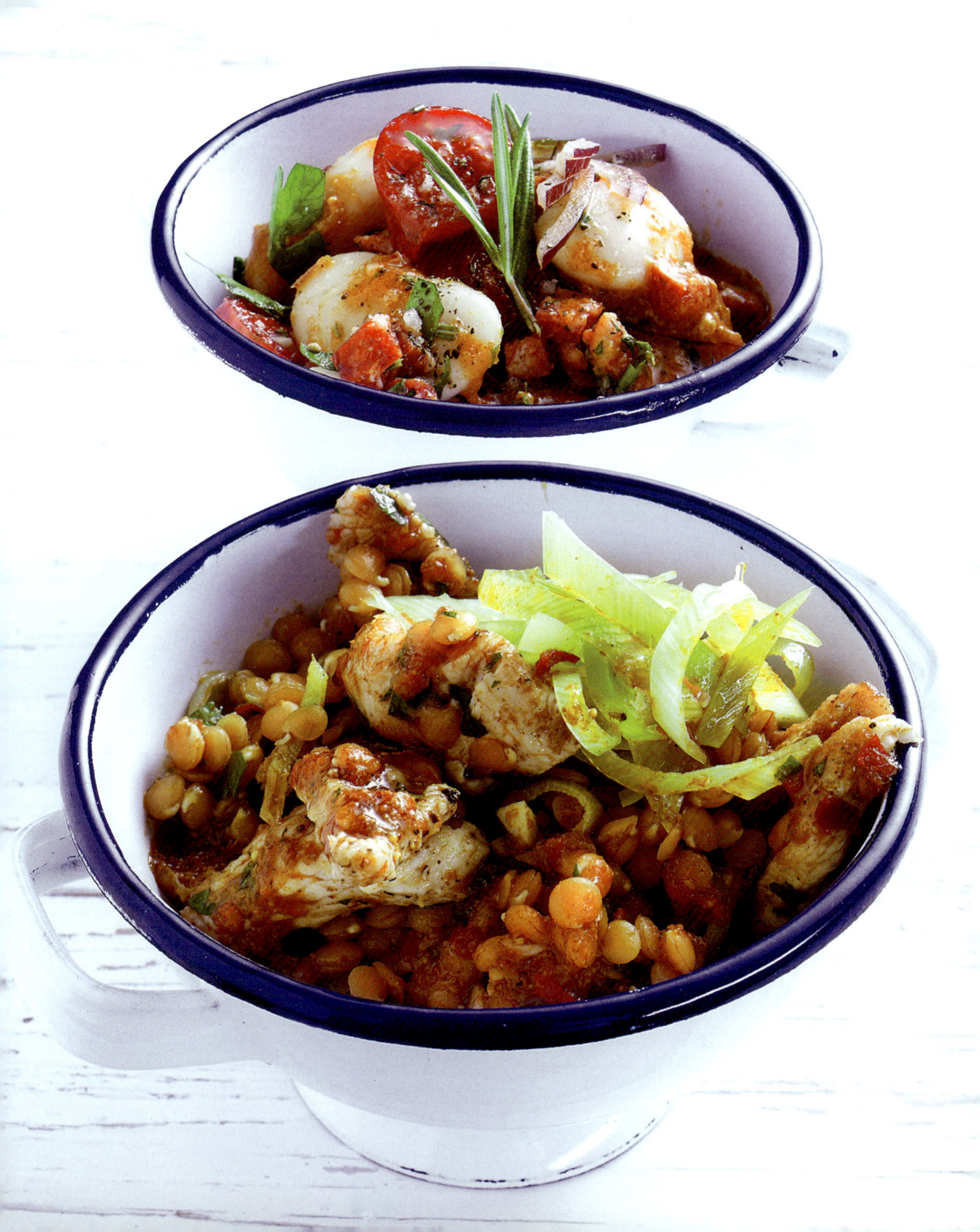

fürs Büfett | sommerlich

Auberginen-Nudel-Salat

200 g Penne | Salz | 2 Auberginen | 120 ml Öl | 5 Zweige (Zitronen-)Thymian | 2 Knoblauchzehen | Pfeffer | 4 EL Tomatenmark | 4 EL Aceto balsamico | 200 g Schafkäse (Feta) | 100 g schwarze Oliven

Für 4 Personen
30 Min. Zubereitung | 2 Std. Marinieren
Pro Portion ca. 510 kcal, 17 g EW, 30 g F, 44 g KH

1 Nudeln nach Packungsanweisung in Salzwasser bissfest garen, abgießen, abtropfen lassen. Auberginen waschen, putzen, 1 cm groß würfeln, mit 3 EL Öl mischen. Thymian waschen, trockenschütteln, hacken. Knoblauch schälen und durchpressen.

2 Auberginen, 1 durchgepresste Knoblauchzehe und die Hälfte des Thymians 3–5 Min. bei starker Hitze braten, salzen und pfeffern. Übrigen Knoblauch mit Tomatenmark, 2 EL Wasser, Essig, übrigem Öl und Thymian verrühren. Käse grob zerbröckeln, mit Auberginen, Nudeln, Oliven und Dressing mischen, 1–2 Std. ziehen lassen.

kunterbunter Kinderliebling

Bunter Nudelsalat

200 g Farfalle | Salz | 150 g TK-Erbsen | 150 g Salami (am Stück) | 1 rote Paprikaschote | 150 g Mais (aus der Dose) | 100 g Salatmayonnaise | 150 g Sahnejoghurt | 3 EL Tomatenketchup | Pfeffer | edelsüßes Paprikapulver | 1 Bund Schnittlauch

Für 4 Personen
30 Min. Zubereitung | 1 Std. Marinieren
Pro Portion ca. 665 kcal, 20 g EW, 28 g F, 72 g KH

1 Nudeln nach Packungsanweisung in Salzwasser bissfest garen, dabei die Erbsen 2 Min. vor Kochzeitende zugeben. Dann abgießen und abtropfen lassen. Inzwischen Salami würfeln, Paprikaschote putzen, waschen und klein würfeln. Mais abtropfen lassen.

2 Mayonnaise, Joghurt und Ketchup gut verrühren, mit Salz, Pfeffer und Paprikapulver würzen. Schnittlauch waschen, trockenschütteln, fein schneiden. Nudeln, Erbsen, Paprika, Mais, Salami, Schnittlauch und das Dressing mischen, 1 Std. ziehen lassen.

exotisch | scharf & kräuterfrisch

Thai-Nudelsalat mit Hack

Ein ungewöhnlicher und raffinierter Salat, den Sie auch sehr gut einmal lauwarm als Vorspeise servieren können.

150 g Glasnudeln | 2 Knoblauchzehen | 1 Stück frischer Ingwer (2 cm) | 6 Kaffir-Limettenblätter | 4 EL Öl | 500 g gemischtes Hackfleisch | 1 TL Sambal oelek | 1 TL Tomatenmark | 4 EL Sojasauce | 3 EL Fischsauce | 1 Bund Koriandergrün | 1 Mini-Salatgurke | 2 Tomaten | Saft von 1 Limette | Salz | Pfeffer

Für 4 Personen
35 Min. Zubereitung | 1 Std. Marinieren
Pro Portion ca. 565 kcal, 27 g EW, 39 g F, 22 g KH

1 Die Glasnudeln für 1–2 Min. in kochend heißes Wasser geben, in ein Sieb gießen, abtropfen lassen und klein schneiden (das geht gut mit der Schere).

2 Knoblauch und Ingwer schälen und fein hacken. Limettenblätter waschen und in sehr feine Streifen schneiden, dabei die harten Blattrippen entfernen.

3 Das Öl in einer Pfanne erhitzen. Darin das Hackfleisch bei mittlerer Hitze mit Knoblauch, Ingwer und Limettenblättern anbraten. Sambal oelek und Tomatenmark unterrühren und das Fleisch krümelig braten. 2 EL Sojasauce, 1 EL Fischsauce und 5 EL Wasser unterrühren, 1–2 Min. weiterbraten, dann vom Herd nehmen.

4 Koriander waschen, trockenschütteln, Blätter und Stängel fein hacken. Die Gurke waschen, längs halbieren und in Scheiben schneiden. Die Tomaten waschen und achteln, dabei die Stielansätze entfernen. Nudeln, Gurke, Koriander und lauwarm abgekühltes Hackfleisch mischen. Übrige Soja- und Fischsauce mit Limettensaft mischen und unterrühren. Den Salat bei Bedarf noch mit Salz und Pfeffer nachwürzen. Mit den Tomatenachteln garniert servieren.

FEIERSALATE FÜR VIELE

Klassiker neu aufgelegt

Tex-Mex-Schichtsalat

1 kleiner Eisbergsalat (etwa 200 g) | 4 Tomaten
1 Avocado | Saft von ½ Limette
1 Dose Kidneybohnen (285 g Abtropfgewicht)
100 g Cheddar oder junger Gouda
200 g Roastbeef-Aufschnitt
4 EL mexikanische Salsasauce (aus dem Glas)
1 Bund Koriandergrün | 4 Frühlingszwiebeln
300 g saure Sahne
1 TL gemahlener Kreuzkümmel
Salz | Pfeffer

Für 4 Personen | 25 Min. Zubereitung
Pro Portion ca. 455 kcal, 26 g EW, 31 g F, 20 g KH

1 Den Eisbergsalat waschen, putzen und in breite Streifen schneiden. Tomaten waschen und in große Würfel schneiden, dabei die Stielansätze entfernen. Avocado längs halbieren, entkernen und schälen. Fruchtfleisch würfeln und mit Limettensaft mischen. Bohnen in ein Sieb abgießen, kalt abbrausen und abtropfen lassen. Käse entrinden und grob reiben. Roastbeef-Scheiben in Streifen schneiden und mit der Salsa mischen.

2 Den Koriander waschen, trockenschütteln und hacken. Frühlingszwiebeln waschen, putzen und mit dem Grün in feine Ringe schneiden. Beides mit der sauren Sahne verrühren und mit Kreuzkümmel, Salz und Pfeffer würzen. Die Salatzutaten der Reihe nach in eine Schüssel schichten, die saure Sahne darüber geben. Den Salat möglichst noch etwas ziehen lassen, vor dem Servieren durchmischen und mit Salz und Pfeffer abschmecken.

leicht | super schnell gemacht

Artischocken-Tunfisch-Salat

2 Dosen Tunfisch im eigenen Saft (je 150 g Abtropfgewicht)
1 Dose Artischockenherzen (240 g Abtropfgewicht)
6 Tomaten | 1 Salatgurke
5 in Salz eingelegte Sardellenfilets
1 ½ EL Kapern | 1 kleine Knoblauchzehe
2 EL Weißweinessig
Saft von ½ Zitrone | 8 EL Olivenöl
1 Bund glatte Petersilie

Für 4 Personen | 20 Min. Zubereitung
Pro Portion ca. 360 kcal, 18 g EW, 26 g F, 5 g KH

1 Tunfisch in ein Sieb abgießen, abtropfen lassen und mit einer Gabel grob zerpflücken. Artischocken ebenfalls in ein Sieb abgießen, abtropfen lassen und vierteln. Tomaten waschen und grob würfeln, dabei die Stielansätze entfernen. Gurke schälen, längs vierteln und in 1 cm große Stücke schneiden.

2 Die Sardellenfilets kurz unter kaltem Wasser abspülen, trockentupfen und anschließend mit ½ EL Kapern fein hacken. Knoblauch schälen und durch die Presse dazudrücken. Alles mit dem Essig und Zitronensaft verrühren, dann das Öl kräftig unterschlagen. Die Petersilie waschen, trockenschütteln und grob hacken.

3 Tunfisch, Artischocken, Tomaten und Gurke vorsichtig mit dem Dressing, den übrigen Kapern und der Petersilie mischen. Nur kurz durchziehen lassen und mit Baguette oder Ciabatta servieren.

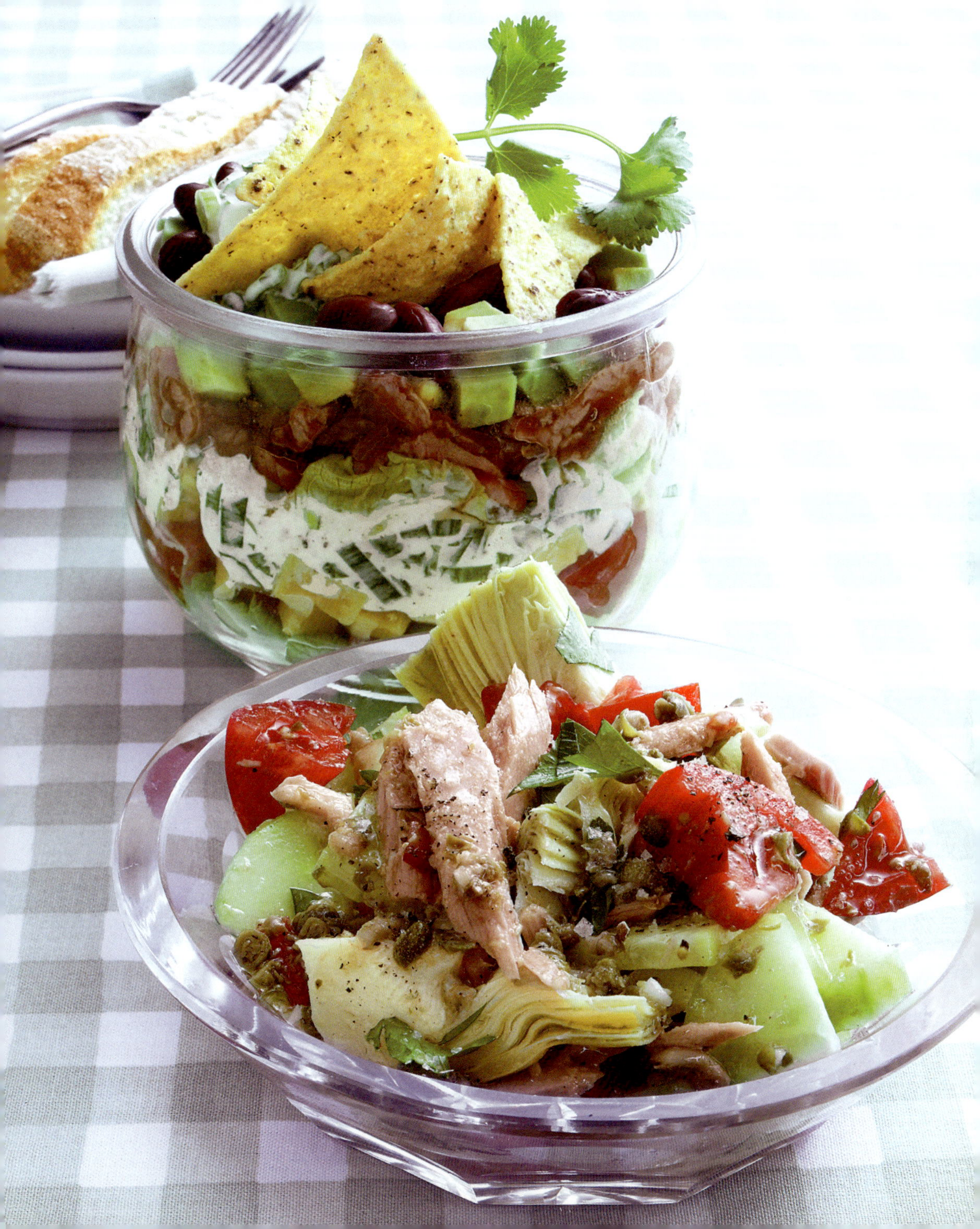

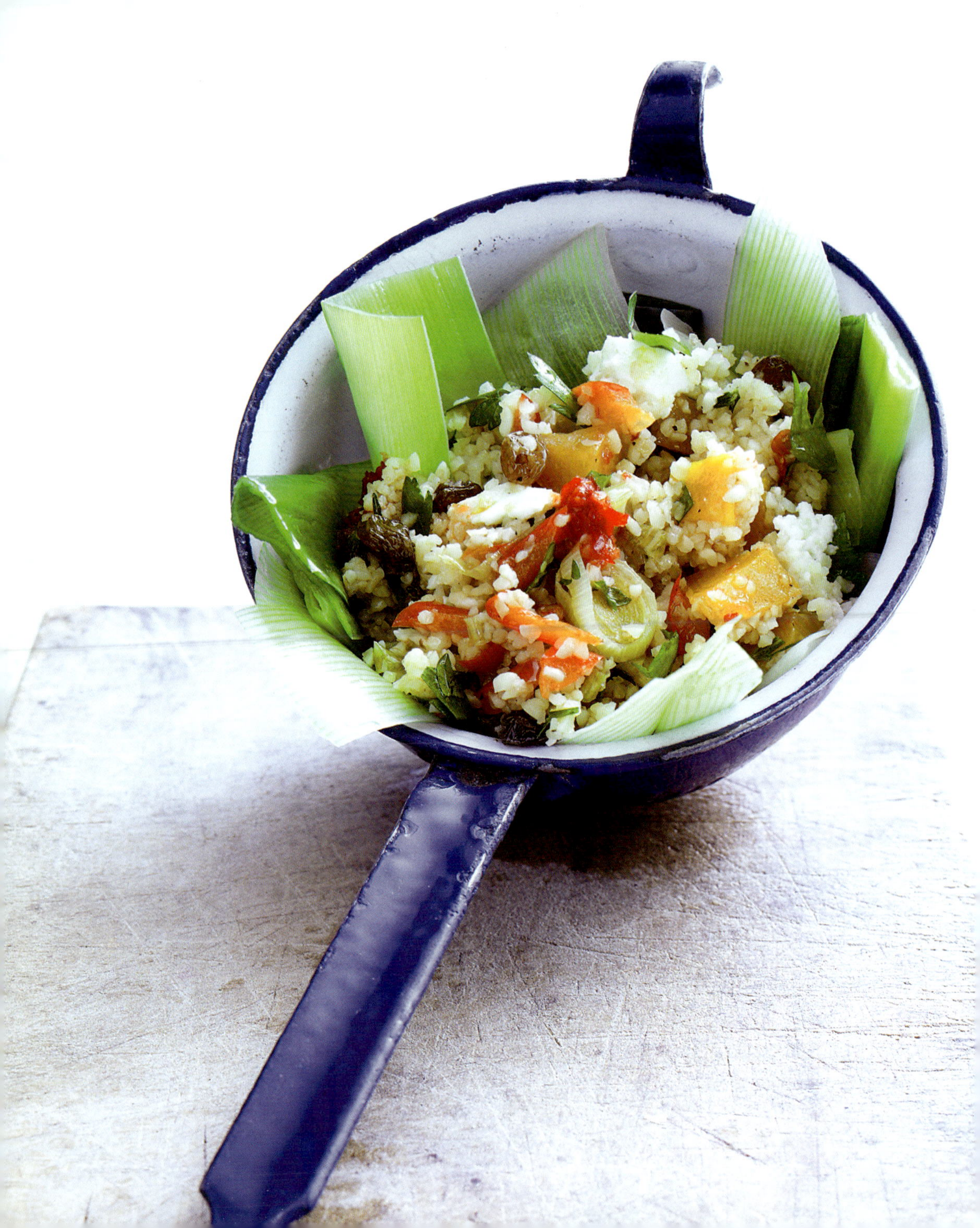

FEIERSALATE FÜR VIELE

überraschend
Scharfer Bulgur-Kürbis-Salat

Von wegen Körnerfutter – schön scharf und gemüsesatt überzeugt dieser Salat ganz sicher nicht nur Vegetarier und Müslifans.

150 g feiner Bulgur
400 ml Gemüsebrühe
500 g Kürbis (geputzt 300 g, z. B. Hokkaido)
1 rote Paprikaschote | 1 Stange Lauch
5 Zweige Thymian | 1 Knoblauchzehe
8 EL Olivenöl | Salz | Pfeffer | 4 EL Rosinen
1–1 ½ TL Harissa (arabische scharfe Würzpaste, ersatzweise Sambal oelek)
1 Bund Petersilie | 5 EL Zitronensaft
200 g Schafkäse (Feta)

Für 4 Personen | 30 Min. Zubereitung
45 Min. Quellen | 30 Min. Marinieren
Pro Portion ca. 575 kcal, 15 g EW, 35 g F, 52 g KH

1 Den Bulgur in eine Schüssel geben. 350 ml Gemüsebrühe kurz erhitzen und über den Bulgur gießen, in 45 Min. ausquellen lassen.

2 Den Kürbis schälen, entkernen und etwa 1 cm groß würfeln. Paprikaschote halbieren, putzen, waschen und ebenfalls klein würfeln. Den Lauch waschen, putzen und in dünne Ringe schneiden. Den Thymian waschen, trockenschütteln und hacken. Knoblauch schälen und fein hacken.

3 In einer Pfanne 3 EL Öl erhitzen, den Kürbis und Knoblauch zugeben und unter Rühren bei mittlerer Hitze 3 Min. braten. Lauch, Paprika und Thymian untermischen, weitere 2 Min. braten. Salzen und pfeffern, dann übrige Brühe angießen, Rosinen und Harissa unterrühren. Offen bei schwacher Hitze 1–2 Min. köcheln lassen. Bulgur und leicht abgekühltes Gemüse samt der Brühe mischen.

4 Petersilie waschen, trockenschütteln und fein hacken. Zitronensaft mit übrigem Öl verrühren, salzen und pfeffern. Den Schafkäse in Würfelchen schneiden oder brechen. Alles gut unter die abgekühlte Bulgur-Gemüse-Mischung mengen, 30 Min. durchziehen lassen. Vor dem Servieren nochmals mit Salz, Pfeffer und Harissa abschmecken.

GUT ZU WISSEN
Bulgur – geschroteter, bereits vorgegarter Weizen – bekommen Sie im türkischen Lebensmittelladen, Bio-Laden und gut sortierten Supermarkt. Inzwischen gibt es praktischerweise auch Instant-Bulgur, der nur ganz kurz quellen muss.

VARIANTE – TABBOULEH
Für den orientalischen Klassiker 150 g Bulgur wie beschrieben mit Brühe oder heißem Wasser quellen lassen. 5 mit dem Grün in Ringe geschnittene Frühlingszwiebeln, 4 klein gewürfelte Tomaten und ½ klein gewürfelte Salatgurke untermischen. Das Dressing aus 5 EL Zitronensaft, 5 EL Olivenöl, je ¼ TL gemahlenem Kreuzkümmel und edelsüßem Paprikapulver, Salz und Pfeffer anrühren und mit Gemüse und Bulgur mischen. 1 Bund gehackte Petersilie und ½ Bund gehackte Minze unterrühren, 30 Min. ziehen lassen. Tabbouleh schmeckt hervorragend zu gegrilltem Fleisch und Fisch.

FEIERSALATE FÜR VIELE

Sushi ohne Rollen
Sushi-Lachs-Salat

180 g Sushi- oder Rundkornreis
5 EL Reis- oder Weißweinessig
4 EL helle Sojasauce | 1 EL Zucker
½–1 TL Wasabipulver (japanischer grüner Meerrettich, aus dem Asienladen)
Salz | Pfeffer | 1 Stück frischer Ingwer (2 cm)
400 g Graved Lachs oder Räucherlachs (in Scheiben) | ½ Salatgurke
1 Bund Radieschen | 1 Nori-Algenblatt (aus dem Asien- oder Bio-Laden)

Für 4 Personen | 15 Min. Zubereitung
25 Min. Garen und Quellen | 1 Std. Auskühlen
Pro Portion ca. 485 kcal, 33 g EW, 20 g F, 43 g KH

1 Den Reis in einem Sieb kalt abbrausen, bis das ablaufende Wasser klar bleibt. 300 ml Wasser aufkochen, Reis hineingeben, aufkochen lassen, dann zugedeckt bei kleinster Hitze 15 Min. garen. Nun den Herd ausstellen und den Reis auf der Platte 10 Min. quellen lassen, dann offen auskühlen lassen.

2 Essig, Sojasauce und Zucker gut verrühren, mit Wasabipulver, Salz und Pfeffer würzen. Den Ingwer schälen, fein würfeln und unterrühren. Den ausgekühlten Reis mit dem Dressing mischen.

3 Lachs in breite Streifen schneiden. Die Gurke waschen, längs halbieren und in dünne Scheiben schneiden. Radieschen waschen, putzen und in Spalten schneiden. Alles vorsichtig unter den Salat mischen, mit Salz, Pfeffer und eventuell Sojasauce abschmecken. Algenblatt mit einer Schere in feine Streifen schneiden und über den Salat streuen.

exotisch | fruchtig
Curry-Reissalat mit Pute

100 g Langkornreis | Salz
300 g Zuckerschoten
400 g geräucherte Putenbrust (am Stück)
2 Mangos | 5 Frühlingszwiebeln
200 g Salatmayonnaise
250 g Joghurt | 3 EL Zitronensaft
2 EL Currypulver | Pfeffer
100 g geröstete Salzmandeln

Für 4 Personen | 40 Min. Zubereitung
20 Min. Garen | 1 Std. Auskühlen
Pro Portion ca. 765 kcal, 52 g EW, 47 g F, 81 g KH

1 Den Reis in einem Sieb kalt abbrausen, bis das ablaufende Wasser klar bleibt. 180 ml Wasser aufkochen, Reis und Salz hineingeben, aufkochen lassen, dann zugedeckt 15–20 Min. bei kleinster Hitze garen. Nun den Herd ausstellen und den Reis auf der Platte offen auskühlen lassen.

2 Die Zuckerschoten waschen, putzen und quer halbieren. In kochendem Salzwasser in 1–3 Min. bissfest garen, dann in ein Sieb abgießen, kalt abbrausen und abtropfen lassen.

3 Putenbrust in sehr feine Streifen schneiden. Die Mangos schälen, das Fruchtfleisch vom Stein schneiden und mundgerecht würfeln. Die Frühlingszwiebeln waschen, putzen und samt dem Grün in feine Ringe schneiden.

4 Mayonnaise, Joghurt, Zitronensaft und Currypulver gut verrühren und kräftig mit Salz und Pfeffer würzen. Das Dressing mit Reis, Putenbrust, Zuckerschoten, Mangos und Zwiebeln mischen. Die Mandeln grob hacken und darüber streuen.

oben: Sushi-Lachs-Salat | unten: Curry-Reissalat mit Pute

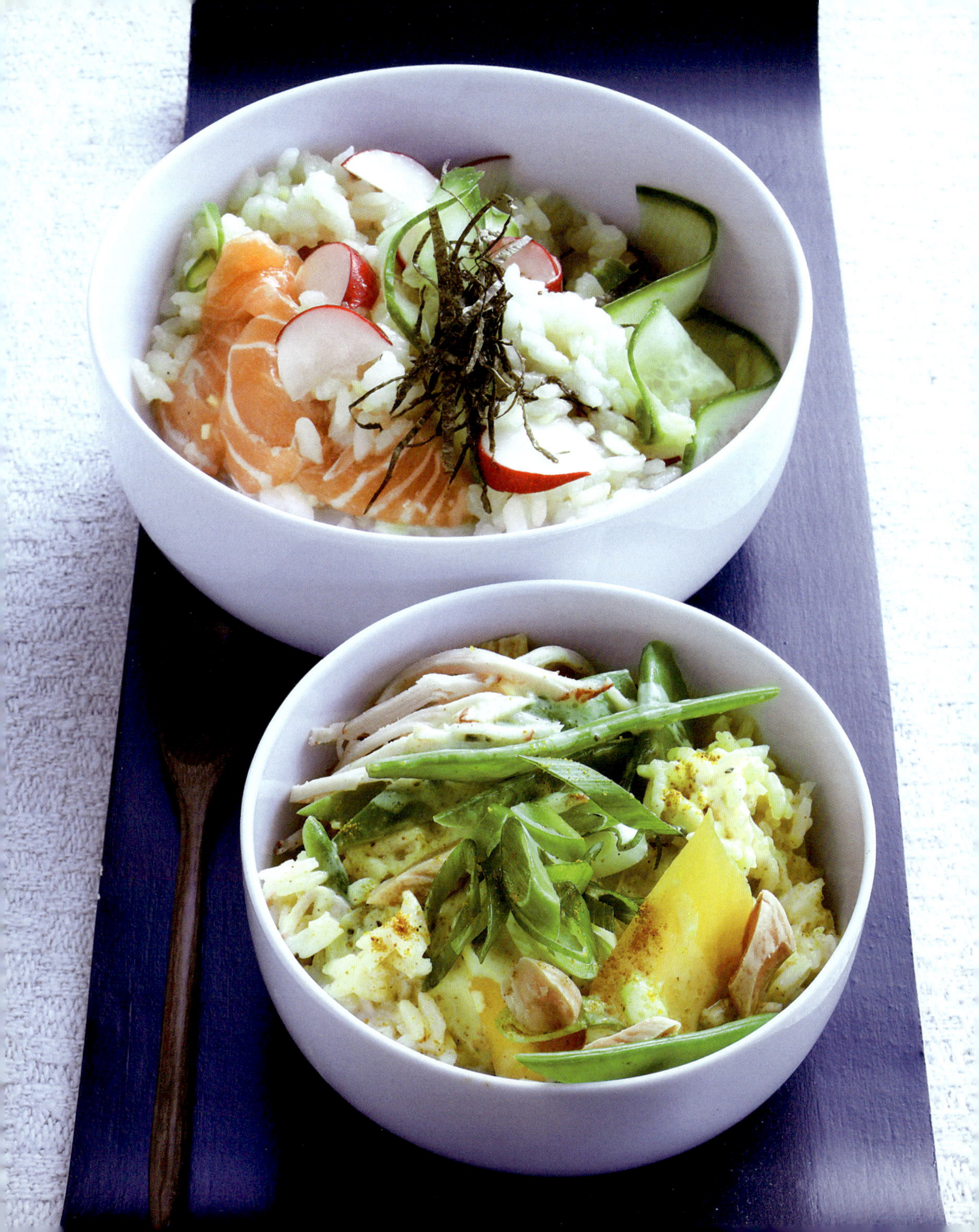

FEIERSALATE FÜR VIELE

orientalisch | üppig

Couscoussalat mit Lamm

Salatbüfett öffne dich! Bei diesem herrlich bunten und orientalisch gewürzten Salat werden Ihre Gäste tausendundeinmal zugreifen.

100 g Instant-Couscous
Salz
8 EL Olivenöl
1 große Aubergine
2 kleine gelbe Zucchini
1 Knoblauchzehe
5 getrocknete Datteln
400 g Lammfilet
Pfeffer
150 ml Gemüsebrühe
2 TL Ras-el-hanout (orientalische Gewürzmischung, aus dem Orient- oder Bio Laden)
¼ TL Zimtpulver
Saft von ½ Orange
Saft von 1 Limette
1 Bund Petersilie
6 Stängel Minze

Für 4 Personen | 45 Min. Zubereitung
Pro Portion ca. 480 kcal, 26 g EW, 29 g F, 30 g KH

1 Für den Couscous in einem Topf 200 ml leicht gesalzenes Wasser zum Kochen bringen. Couscous einrühren, einmal aufkochen lassen, vom Herd nehmen und ausquellen lassen. 2 EL Öl zugeben, mit einer Gabel auflockern und auskühlen lassen.

2 Inzwischen Aubergine und Zucchini waschen, putzen und in etwa 1 cm große Würfel schneiden. Den Knoblauch schälen. Datteln längs halbieren, entkernen und in feine Streifen schneiden.

3 In einer Pfanne 2 EL Öl erhitzen, darin das Lammfleisch bei mittlerer Hitze 2–3 Min. pro Seite braten, herausnehmen salzen und pfeffern.

4 Dann 2 EL Öl in die Pfanne geben, heiß werden lassen. Aubergine und Zucchini dazugeben, Knoblauch durch die Presse dazudrücken. Bei mittlerer Hitze unter Rühren 5–7 Min. braten, salzen und pfeffern. Brühe angießen, Ras-el-hanout und Zimt untermischen und alles weitere 5 Min. bei kleiner Hitze garen. Vom Herd nehmen.

5 Inzwischen das abgekühlte Lammfleisch in feine Scheiben schneiden. Orangen- und Limettensaft mit übrigem Olivenöl gut verrühren. Mit dem Gemüse, Lamm, Datteln und Couscous mischen. Abkühlen lassen.

6 Die Petersilie und die Minze waschen, trockenschütteln und hacken, anschließend unter den Salat mischen. Diesen bei Bedarf nochmals etwas nachwürzen.

GUT ZU WISSEN
Die orientalische Würzmischung Ras-el-hanout besteht aus oft bis zu 30 verschiedenen Gewürzen. Sie ist mild, aber sehr aromatisch. Wer den Salat mal etwas schärfer möchte, mischt etwas Harissa-Paste unter das Gemüse.

AUSTAUSCH-TIPP
Wer kein Lammfleisch mag oder die Abwechslung liebt, kann stattdessen auch mal Hähnchenbrustfilet oder Putenfleisch nehmen.

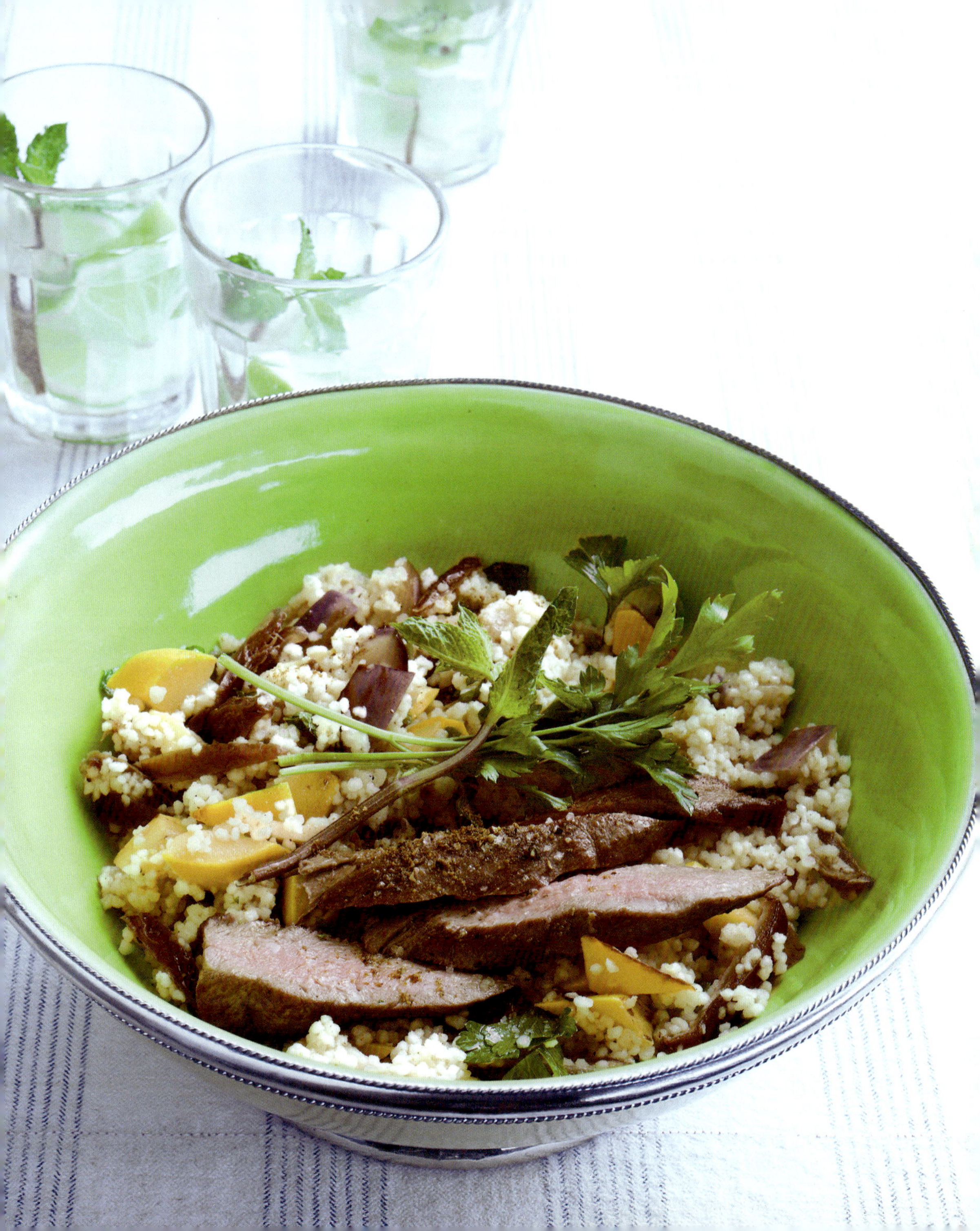

REGISTER

Zum Gebrauch
Damit Sie Rezepte mit bestimmten Zutaten noch schneller finden können, stehen in diesem Register zusätzlich auch beliebte Zutaten wie **Kartoffeln** oder **Rucola** – ebenfalls alphabetisch geordnet und **hervorgehoben** – über den entsprechenden Rezepten.

A/B

Apfel: Rote-Bete-Apfel-Salat 24
Artischocken-Tunfisch-Salat 52
Asiatischer Sprossensalat 20
Auberginen-Nudel-Salat 50
Avocado: Tomaten-Avocado-Salat 16
Bärlauch (Warenkunde) 64
  Kartoffel-Spargel-Salat 43
Beeren: Fruchtiger Beerenessig (Klappe)
Birnen: Herbstsalat mit Kürbis und Birne 19
Blumenkohl: Safran-Blumenkohl-Salat mit Ei 47
Blüten: Frühlingssalat mit Blüten 10
Bohnen
  Bohnen-Kasseler-Salat 44
  Ofentomaten-Bohnen-Salat 48
Brennnesseln (Warenkunde) 64
Brot
  Indischer Kichererbsen-Brot-Salat 38
  Panzanella (Variante) 38
Brunnenkresse (Warenkunde) 64
  Hähnchenlebersalat mit Feigen 33
Bulgur (Warenkunde) 55
  Scharfer Bulgur-Kürbis-Salat 55
  Tabbouleh (Variante) 55
Bündner Fleisch: Bündner Pilzsalat 30
Bündner Pilzsalat 30
Bunter Nudelsalat 50

C/E

Chicorée
  Roquefort-Trauben-Salat 30
  Wintersalat mit Orangen 22
Chinakohl: Fisch-Kokos-Salat 36
Couscoussalat mit Lamm 58
Curry-Reissalat mit Pute 56
Eichblattsalat
  Garnelen-Pfirsich-Salat 36
  Ingwer-Huhn-Salat 27
  Roquefort-Trauben-Salat 30
Eier
  Krabben-Eier-Salat 44
  Safran-Blumenkohl-Salat mit Ei 47
Eisbergsalat: Tex-Mex-Schichtsalat 52
Endiviensalat (Warenkunde) 19
  Wintersalat mit Orangen 22
Ente: Zwetschgen-Entenbrust-Salat 33
Erdbeeren: Spinatsalat mit Erdbeeren 13
Erdnüsse: Weißkohl-Erdnuss-Salat 25
Essig (Warenkunde) 6
  Fruchtiger Beerenessig (Klappe)
Exotischer Wurstsalat (Variante) 34

F/G

Feigen: Hähnchenlebersalat mit Feigen 33
Feldsalat
  Herbstsalat mit Kürbis und Birne 19
  Zwetschgen-Entenbrust-Salat 33
Fenchel-Oliven-Salat 24
Fisch-Kokos-Salat 36
Frischkäse: Zitronengras-Obst-Salat mit Ingwerfrischkäse (Klappe)
Friséesalat (Warenkunde) 19
  Herbstsalat mit Kürbis und Birne 19
Fruchtiger Beerenessig (Klappe)
Frühlingssalat mit Blüten 10
Garnelen-Pfirsich-Salat 36
Gartenkresse (Warenkunde) 64
Granatapfel-Raita (Servier-Tipp) 38
Griechischer Salat 16
Grüner Tortellinisalat 41

H/I/J

Hackfleisch: Thai-Nudelsalat mit Hack 51
Hähnchen
  Hähnchenlebersalat mit Feigen 33
  Ingwer-Huhn-Salat 27
Herbstsalat mit gebackenem Camembert (Variante) 19
Herbstsalat mit Kürbis und Birne 19
Indischer Kichererbsen-Brot-Salat 38
Ingwer
  Ingwer-Huhn-Salat 27
  Zitronengras-Obst-Salat mit Ingwerfrischkäse (Klappe)
Japanischer Lauchsalat 20

K/L

Kartoffeln
  Bohnen-Kasseler-Salat 44
  Kartoffelsalat »Italia« 43
  Kartoffelsalat mit Pfifferlingen 42
  Kartoffel-Spargel-Salat 43
Kasseler: Bohnen-Kasseler-Salat 44
Kichererbsen: Indischer Kichererbsen-Brot-Salat 38
Klassische Vinaigrette (Tipp) 10
Knoblauch: Sommersalat mit Knoblauchcroûtons 14
Kokos: Fisch-Kokos-Salat 36
Krabben-Eier-Salat 44
Kräuter (Warenkunde) 6
  Kräuteromelettschnecken (Tipp) 10
  Mediterranes Kräuteröl (Klappe)
Kresse
  Bohnen-Kasseler-Salat 44
  Rote-Bete-Apfel-Salat 24

60

REGISTER

Kürbis
    Herbstsalat mit Kürbis und Birne 19
    Scharfer Bulgur-Kürbis-Salat 55
Lachs: Sushi-Lachs-Salat 56
Lammfleisch: Couscoussalat mit Lamm 58
Lauch: Japanischer Lauchsalat 20
Leber: Hähnchenlebersalat mit Feigen 33
Linsen-Puten-Salat 48
Lollo Biondo
    Bündner Pilzsalat 30
    Fenchel-Oliven-Salat 24
Lollo Rosso
    Ingwer-Huhn-Salat 27
    Mojito-Steak-Salat 28
Löwenzahn (Warenkunde) 64

M/N

Mango-Tomaten-Salat 9
Mayonnaise (Grundrezept, Tipp) 47
Mediterranes Kräuteröl (Klappe)
Melonen-Gurken-Salat 17
Möhren: Orangen-Möhren-Salat (Klappe)
Mojito-Steak-Salat 28
Nudeln
    Auberginen-Nudel-Salat 50
    Bunter Nudelsalat 50
    Grüner Tortellinisalat 41
    Thai-Nudelsalat mit Hack 51

O/P

Ofentomaten-Bohnen-Salat 48
Öl (Warenkunde) 6
    Mediterranes Kräuteröl (Klappe)
    Scharfes Asiaöl (Klappe)
Oliven: Fenchel-Oliven-Salat 24
Orangen
    Orangen-Möhren-Salat (Klappe)
    Wintersalat mit Orangen 22
Panzanella (Variante) 38
Paprika-Zucchini-Salat 17
Parmesan: Spargelsalat mit Parmesan 13
Pfefferobst mit Thymian (Klappe)
Pfifferlinge: Kartoffelsalat mit Pfifferlingen 42
Pfirsich: Garnelen-Pfirsich-Salat 36
Pilze
    Bündner Pilzsalat 30
    Kartoffelsalat mit Pfifferlingen 42
Portulak (Warenkunde) 64
    Frühlingssalat mit Blüten 10
Pute
    Curry-Reissalat mit Pute 56
    Linsen-Puten-Salat 48

R

Radicchio (Warenkunde) 22
    Exotischer Wurstsalat (Variante) 34
    Wintersalat mit Orangen 22
    Zwetschgen-Entenbrust-Salat 33
Reis: Curry-Reissalat mit Pute 56
Rettich-Weißwurst-Salat 34
Rind: Vietnamesischer Rindfleischsalat (Variante) 28
Römersalat: Sommersalat mit Knoblauchcroûtons 14
Roquefort-Trauben-Salat 30
Rote-Bete-Apfel-Salat 24
Rotkohl-Preiselbeer-Salat 25
Rucola
    Frühlingssalat mit Blüten 10
    Hähnchenlebersalat mit Feigen 33
    Kartoffelsalat »Italia« 43
    Sommersalat mit Knoblauchcroûtons 14

S/T

Safran-Blumenkohl-Salat mit Ei 47
Sauerampfer (Warenkunde) 64
Scharfer Bulgur-Kürbis-Salat 55
Scharfes Asiaöl (Klappe)
Schweizer Wurstsalat (Variante) 34
Sommersalat mit gegrilltem Ziegenkäse (Variante) 14
Sommersalat mit Knoblauchcroûtons 14
Spargel
    Kartoffel-Spargel-Salat 43
    Spargelsalat mit Parmesan 13
Spinatsalat mit Erdbeeren 13
Sprossen: Asiatischer Sprossensalat 20
Steak: Mojito-Steak-Salat 28
Sushi-Lachs-Salat 56
Süßungsmittel (Warenkunde) 6
Tabbouleh (Variante) 55
Tex-Mex-Schichtsalat 52
Thai-Nudelsalat mit Hack 51
Thymian: Pfefferobst mit Thymian (Klappe)
Tomaten
    Mango-Tomaten-Salat 9
    Ofentomaten-Bohnen-Salat 48
    Tomaten-Avocado-Salat 16
Tortellini: Grüner Tortellinisalat 41
Tunfisch: Artischocken-Tunfisch-Salat 52

V/W/Z

Vietnamesischer Rindfleischsalat (Variante) 28
Vinaigrette (Tipp) 10
Weintrauben: Roquefort-Trauben-Salat 30
Weißkohl-Erdnuss-Salat 25
Wintersalat mit Orangen 22
Wurstsalat
    Exotischer Wurstsalat (Variante) 34
    Rettich-Weißwurst-Salat 34
    Schweizer Wurstsalat (Variante) 34
Würzzutaten (Warenkunde) 6
Zitronengras-Obst-Salat mit Ingwerfrischkäse (Klappe)
Zucchini: Paprika-Zucchini-Salat 17
Zwetschgen-Entenbrust-Salat 33

IMPRESSUM

DAS ORIGINAL MIT GARANTIE

Ihre Meinung ist uns wichtig. Deshalb möchten wir Ihre Kritik, aber auch Ihr Lob erfahren, um als führender Ratgeberverlag noch besser zu werden. Darum schreiben Sie uns! Wir freuen uns auf Ihre Post und wünschen Ihnen viel Spaß mit Ihrem GU-Ratgeber.

Unsere Garantie: Sollte ein GU-Ratgeber einmal einen Fehler enthalten, schicken Sie uns das Buch mit einem kleinen Hinweis und der Quittung innerhalb von sechs Monaten nach dem Kauf zurück. Wir tauschen Ihnen den GU-Ratgeber gegen einen anderen zum selben oder ähnlichen Thema um.

GRÄFE UND UNZER VERLAG

Redaktion Kochen & Verwöhnen

Postfach 86 03 13
81630 München
Fax: 089/41981-113

oder schreiben Sie uns eine E-Mail an:
leserservice@graefe-und-unzer.de

Die Temperaturangaben bei Gasherden variieren von Hersteller zu Hersteller. Welche Stufe Ihres Herdes der jeweils angegebenen Temperatur entspricht, entnehmen Sie bitte der Gebrauchsanweisung. Bei Elektroherden können die Backzeiten je nach Herd variieren.

© 2007
GRÄFE UND UNZER VERLAG GmbH,
München

Alle Rechte vorbehalten. Nachdruck, auch auszugsweise, sowie die Verbreitung durch Film, Funk, Fernsehen und Internet, durch fotomechanische Wiedergabe, Tonträger und Datenverarbeitungssysteme jeglicher Art nur mit schriftlicher Genehmigung des Verlages.

Programmleitung: Doris Birk
Leitende Redakteurin: Birgit Rademacker
Redaktion: Sigrid Burghard
Lektorat/DTP/Satz: Redaktionsbüro Christina Kempe, München
Layout, Typografie und Umschlaggestaltung: independent Medien-Design, München
Herstellung: Petra Roth
Reproduktion: Penta Repro, München
Druck und Bindung: Firmengruppe Appl, Wemding

ISBN 978-3-8338-0326-0
2. Auflage 2007

GRÄFE UND UNZER
Ein Unternehmen der
GANSKE VERLAGSGRUPPE

100 Jahre GANSKE VERLAGSGRUPPE

Die Autorin

Tanja Dusy, Kochbuch-Redakteurin und leidenschaftliche Köchin, liebt die frische, internationale Küche. Für dieses Buch kreierte sie sowohl klassische als auch außergewöhnliche Salate aus aller Welt.

Der Fotograf

Klaus-Maria Einwanger ist selbstständiger Fotograf in Rosenheim. Vor Ort und im Ausland arbeitet er für Zeitschriften, Buchverlage und Werbeagenturen. Kreativ setzt er dabei Food-Spezialitäten aus aller Welt perfekt ins Bild. Bei diesem Projekt wurde er tatkräftig von Monika Schuster (Foodstylistin) und Anka Köhler (Fotoassistentin) unterstützt.

Bildnachweis:

Titelfoto: Joerg Lehmann, Paris; alle anderen: Klaus-Maria Einwanger, Rosenheim

Titelbildrezept:

Das Rezept »Frühlingssalat mit Blüten« finden Sie auf Seite 10

GU-EXPERTEN-SERVICE

Haben Sie Fragen zu den Rezepten oder benötigen Sie weiteren Rat zum Thema? Dann schreiben Sie uns. Unsere Experten helfen Ihnen gerne weiter. Unsere Adresse finden Sie links.

Kochlust pur

Die neuen KüchenRatgeber – da steckt mehr drin

1 Brot – 50 Aufstriche
ISBN 978-3-8338-0652-0
64 Seiten

1 Nudel – 50 Saucen
ISBN 978-3-8338-0653-7
64 Seiten

1 Pfanne – 50 Rezepte
ISBN 978-3-8338-0654-4
64 Seiten

Preis je Band: 7,50 €

Zucchini & Auberginen
ISBN 978-3-8338-0329-1
64 Seiten

Grillen
ISBN 978-3-8338-0324-6
64 Seiten

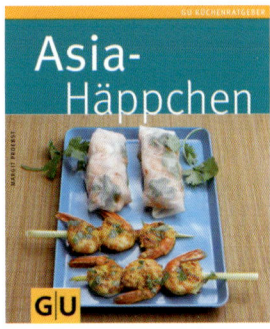

Asia-Häppchen
ISBN 978-3-8338-0657-5
64 Seiten

Änderungen und Irrtum vorbehalten.

Das macht sie so besonders:

Neue mmmh-Rezepte – unsere beste Auswahl für Sie

Praktische Klappen – alle Infos auf einen Blick

Die 10 GU-Erfolgstipps – so gelingt es garantiert

GU
Willkommen im Leben.

Die grünen Wilden

Gehen Sie auf die Suche! Im Frühjahr finden sich auf unseren Märkten immer häufiger aromatische Wildkräuter, die sich in vielen Salaten toll machen.

Bärlauch ist der absolute Star unter den wieder entdeckten Wildkräutern. Im Frühjahr ist er leicht selbst im Wald zu finden – sein intensiver Knoblauchduft verrät ihn schon von Weitem. Klein gehackt ersetzt er auf dezente Weise Knoblauch oder Zwiebeln im Salat. Für alle Sammler: Sobald Bärlauch blüht, sollten Sie ihn nicht mehr pflücken.

Selbst auf die Suche muss man sich nach **Brennnesseln** machen. Die zarten Frühlingstriebe des »Unkrauts« (sie brennen jetzt noch nicht) erinnern geschmacklich leicht an Spinat. Auch bei **Löwenzahn** sind nur die ganz jungen Blätter gefragt, sonst schmecken sie sehr bitter. Diese Gefahr besteht bei kultiviertem Löwenzahn nicht. Sein zartbitterer Geschmack macht sich gut in Mischungen mit milden Blattsalaten. Erfrischend säuerlich sind die jungen Blättchen des **Sauerampfers,** der ideal zu Dressings mit Joghurt oder Sahne passt.

In Frankreich ist **Brunnenkresse** zu Recht eine begehrte Delikatesse: Nur von etwa März bis Mai und November/Dezember wird das an Bächen wachsende Kraut geerntet und kann stets feucht, nur sehr kurz gelagert werden. Deshalb sofort verwenden! Die fast scharf und würzig schmeckenden Blättchen sind wunderbar in Salaten mit Früchten oder zu Fisch. **Gartenkresse** kennen die meisten nur vom kleinen Beet als junge Blättchen. Ausgewachsen wird sie manchmal im Frühjahr angeboten. Sie hat ein starkes, senfähnlich scharfes Aroma und verleiht Salatmischungen eine pikante Note. **Portulak** mit seinen runden Blättchen auf zarten langen Stielen gibt's im Frühjahr auf dem Markt. Nussig und fein schmeckt er gut mit Rucola oder jungem Kopfsalat. Locker im Plastikbeutel verpackt hält er sich im Gemüsefach 2–3 Tage.